손으로 만든 선물

허브 솔트부터 아기 이불까지
쉽고 예쁘게 정성을 담는다

손으로 만든 선물

최희주 지음

푸른숲

프롤로그

선물에도 마음이 있습니다

누군가가 날 위해 준비한 선물을 열어보는 순간의
기쁨과 설렘은 어디에서 오는 걸까요?
선물 자체보다 그 안에 담긴 마음과 정성에서 오는 게 아닐까요?
곱게 싼 선물을 내미는 일은 내 마음을 내미는 것과 같습니다.

바느질을 배우기 위해 우리 집을 찾는 일본인 친구들은 매번 무언가를 손에 들고 옵니다. 바느질 수업 시간에 함께 먹을 수 있는 티 푸드가 대부분입니다. 작고 예쁜 비닐 봉투에 하나씩 담은 쿠키, 멋진 유산지(硫酸紙)로 감싸 리본으로 묶은 빵과 떡은 포장을 풀기가 아까울 정도로 정성이 가득합니다.

그중에는 고베의 유명한 디저트 가게에서 온 근사한 포장의 마들렌, 나고야의 백 년 넘은 가게에서 공수한 모나카, 도쿄의 빵집에서 줄을 서서 샀다는 바움쿠헨도 있지만 손수 만든 것도 있습니다. 집에서 직접 구운 소박한 쿠키, 새벽에 일어나 만들어온 새로운 모양의 빵, 한국 요리 교실에서 배워 만든 떡이 그것입니다.

달지 않고 버터의 풍미가 가득한 쿠키를 굽는 비결은 무엇인지, 빵을 어쩜 이렇게 촉촉하고 부드럽게 구웠는지, 한국 사람인 나도 쉽게 도전하지 못하는 떡을 어떻게 집에서 만들었는지, 모두를 위해 준비해온 작은 선물과 이야기로 바느질 수업 시간 내내 수다가 끊이지 않아 항상 즐겁습니다.

손으로 만든 선물은 관계를 더욱 빛나게 해주는 마법의 묘약입니다. 내게는 작은 선물의 소중함을 알게 해준 고마운 친구가 있습니다. 일본에서 결혼 생활을 시작한 나는 처음에 친구도 없이 외로운 시간을 보냈습니다. 그러다가 연년생 아이 둘을 키우느라 지쳐 있던 시기에 같은 아파트에 사는 친구와 조금 가까워졌습니다.

어느 날 그 친구와 함께 외출했다가 돌아오는 길에 뛰어노느라 피곤했는지 아이들이 그만 차 안에서 잠이 들어버렸습니다. 아이들이 깰까 봐 둘이 소곤소곤 이야기를 나누고 있었는데, 그 친구가 내게 예쁘게 포장한 작은 선물을 불쑥 내밀었습니다. 환한 표정으로 아무것도 아니라며 내민 봉투 안에는 컵 받침 두 개와 홍차가 들어 있었습니다. 손으로 한 땀 한 땀 꿰맨 컵 받침은 고급 리넨이나 무늬가 예쁜 천으로 만든 것이 아니었습니다. 할아버지의 낡은 유카타 천으로 만든 것이라고 했습니다. 일본에서 처음 사귄 친구가 온전히 나를 위해 소중한 할아버지의 옷으로 만든 선물을 내민 것입니다. 나는 그만 감동을 받아 왈칵 눈물이 났습니다.

사귄 지 얼마 되지 않았지만 우리는 그 선물을 계기로 둘도 없는 친구 사이가 되었습니다. 아플 때는 서로의 아이를 대신 봐주고 맛있는 음식은 늘 나눠 먹을 정도였지요. 나는 손재주가 좋은 그 친구에게 재봉틀 사용법을 배웠고 둘이 천 가게도 찾아 다니며 도쿄 생활을 즐겼습니다. 어느새 15년이 훌쩍 지나 멀리 떨어져 살지만 우리는 여전히 서로의 안부를 묻는 각별한 사이입니다. 낡은 유카타 천으로 만든 컵 받침을 볼 때마다 그 시절, 그 친구를 떠올립니다.

소박하면서도 정성이 담긴 친구의 따뜻한 선물은 내 외로움을 달래주었습니다. 그 경험을 통해 나는 손으로 만든 작은 선물이 마음을 전하기에 더할 나위 없이 좋다는 것을 깨달았습니다. 이후 누군가를 만날 때면 특별한 날이 아니어도 작은 선물을 준비하곤 합니다. 만나기 몇 주 전부터 또는 며칠 전부터 그 사람을 생각하며 무언가를 만드는 거지요. 그렇게 마음을 쏟다 보면 문득문득 선물을 열어볼 상대방의 표정이 떠올라 준비하는 내내 즐겁습니다. 나도 모르게 기분이 좋아져 혼자 실실 웃을 때도 많습니다.

선물을 받는 순간만큼
선물을 준비하는 시간도 행복합니다.

처음 만나는 사람에게는 첫 만남의 따뜻한 기억을 위해, 오랜 친구에게는 취향을 존중하고 있음을 표현하기 위해, 사랑하는 사람에게는 늘 생각하는 마음을 담아내기 위해, 어른에게는 존경과 감사의 뜻을 전하기 위해 작은 선물을 꾸려봅니다.

마음을 담은 소박한 선물을 준비하는 건 생각보다 어렵지 않습니다. 전부 손으로 만들지 않아도 괜찮습니다. 비싼 돈을 주고 사지 않아도 상관없습니다. 상대방을 생각하는 마음과 약간의 시간만 있으면 됩니다. 오늘 저녁에 만든 반찬을 예쁜 유리병에 담아 혼자 사는 친구에게 건네도 특별한 선물이 됩니다.

서로 지지하고 감사하는 마음을 담아
선물을 주고 받는 순간,
소소한 일상은 감동으로 바뀝니다.

목차

프롤로그
선물에도 마음이 있습니다 7

선물을 준비하기 전에

천 손질법 :: 16
손바느질 도구 :: 17   손바느질 기법 :: 18   손바느질 팁 :: 19
자수 도구 :: 20   자수 기법 :: 22
선물 포장 재료와 도구 :: 24

생각나서 만들어봤어
오랜 관계를 빛나게 해주는 선물

주고 난 후 뿌듯함이 오래 남는 선물 :: 리넨 주머니 :: 31
책 읽는 즐거움이 두 배 :: 책보와 책갈피 :: 39
그날그날 골라 마시는 즐거움 :: 리넨 컵 받침과 차 :: 47
이제 써볼까 :: 일기장과 필통 :: 51
설렘 가득한 요리 시간 :: 리넨 앞치마와 행주 :: 59

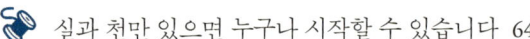 실과 천만 있으면 누구나 시작할 수 있습니다 64

만나서 반갑습니다
첫 만남을 기억하게 할 특별한 선물

향기로운 만남 오래가도록 :: 허브 솔트 :: 71
자꾸 생각나는 부드러운 맛 :: 밀크티 잼 :: 77
누구나 실패하지 않고 맛있게 :: 과일 잼 :: 83
작지만 오래 기억에 남는 선물 :: 향주머니 :: 89

집된장 고구마, 그리고 손편지 94

밥은 꼭 챙겨먹어
받으면 마음이 든든해지는 선물

환절기 필수품 :: 마스크와 마스크 주머니, 허브차 :: 101
혼자 사는 후배를 위한 밥상 :: 밑반찬, 테이블 매트와 고깔 냄비 장갑 :: 107
첫 조카에게 선물하는 포근한 낮잠 :: 이불과 이불 커버 :: 119
당신을 지켜드릴게요 :: 복숭아씨 모빌 :: 125
결혼 축하해 :: 티 코지와 이니셜 컵 받침 그리고 웨딩 티 :: 131

오래오래 건강하세요
존경과 감사의 마음을 담은 선물

몸에 좋아요 :: 곡물차, 다기와 다기보 :: 141
어머니, 시원한 여름 보내세요 :: 모시 가방과 부채집 :: 149
엄마, 늘 편안하게 주무세요 :: 베개 커버와 안대 :: 159

에필로그
꼼지락꼼지락, 세상에 하나밖에 없는 무언가를 만들 때   168

선물을 준비하기 전에

천 손질법

천은 종류에 따라 세탁 후 많이 줄어들거나 모양이 바뀌기도 하므로 반드시 선(先) 세탁을 해야 합니다. 특히 리넨이나 광목 같은 순면은 많이 줄어들기 때문에 재단하기 전에 꼭 물에 담갔다가 세탁합니다. 공장에서 이미 세탁한 워싱 리넨, 워싱 광목도 마찬가지입니다.
선 세탁은 천의 줄어듦을 방지하고 천에 붙어 있는 먼지 등 이물질을 제거할 뿐 아니라, 리넨 같은 경우 특유의 자연스러운 질감을 살려줍니다.

선 세탁 방법

1. 천을 한 시간 이상 미지근한 물에 담가둡니다.
2. 물을 한 번 갈아준 다음 손으로 주물러 천의 풀기와 먼지를 제거합니다. 이때 세제는 쓰지 않습니다.
3. 두세 번 헹군 후 비틀어 짜지 말고 탈탈 털어 구김을 편 뒤 넙니다.
4. 절반 정도 말랐을 때 천의 가로와 세로의 결을 잡아주면서 다림질합니다.

손바느질 도구

바늘 짧고 가늘고 튼튼한 퀼트용 바늘을 쓰는 것이 좋습니다. 작은 바늘로 해야 바늘땀을 조절하기가 쉽습니다. 굵은 바늘은 천을 통과하기도 어렵고 천에 자국이 남아 권장하지 않습니다. 시침할 때는 가늘고 긴 바늘을 사용합니다. 바늘은 번호가 클수록 작아집니다. 8~12호 중에서 자신의 손에 잘 맞는 것을 사용하면 됩니다.

실 천의 두께에 따라 선택합니다. 리넨과 순면에는 코팅한 면사나 퀼트용 실을 사용하는 것이 좋습니다. 굵기는 60수 정도가 적당합니다. 번호가 클수록 실의 굵기가 가늘어집니다.

가위 천을 자를 때 쓰는 가위와 실을 자를 때 쓰는 쪽가위를 준비합니다. 천 가위는 천 이외의 것을 자르지 않습니다. 쪽가위도 실만 자릅니다. 패턴을 자를 때 쓰는 가위도 따로 준비하는 것이 좋습니다. 문구점에서 파는 가위로도 충분합니다.

시침핀 천을 고정할 때 씁니다. 가늘고 짧은 시침핀을 고릅니다.

헤라 천을 접을 때는 뼈인두라고도 부르는 헤라를 사용하는 것이 좋습니다. 헤라가 없을 때는 굵은 바늘이나 실뜨개를 이용해 접는 선을 그어도 괜찮습니다.

초크펜 천에 완성선을 그릴 때 씁니다. 연필처럼 깎아 쓰는 것보다 샤프펜 같이 일정한 굵기로 사용 가능한 것이 좋습니다. 초크펜이 없으면 0.7mm의 일반 샤프펜을 써도 괜찮습니다. 이것은 천의 결에 맞추어 선을 그을 수 있어 편하지만 너무 진하게 긋지 않도록 주의해야 합니다.

시접자 자에 3mm, 5mm, 7mm, 1cm 시접을 잴 수 있는 선이 있으면 편리합니다. 15cm, 30cm 길이로 각각 하나씩 준비하는 것이 좋습니다.

손바느질 기법

홈질

가장 기본적이고 많이 쓰이는 바느질 기법입니다. 땀의 크기가 일정할수록 좋지만 너무 자로 잰 듯이 일정함을 유지하려 애쓰지 않아도 됩니다. 땀의 크기가 약간 다르면 오히려 손바느질의 매력이 잘 드러납니다.

홈질 + 박음질

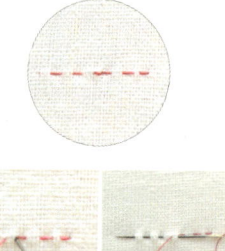

홈질과 박음질이 섞인 바느질 기법입니다. 주로 한복을 만들 때 많이 쓰이는데 홈질로만 하는 것보다 튼튼합니다. 홈질 세 땀, 박음질 한 땀의 순서로 반복하며 바느질합니다.

반박음질

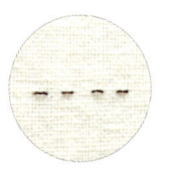
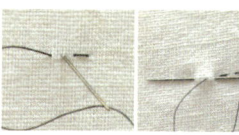

시작점에서 한 땀 뒤로 바늘을 꽂아 두 땀 앞에서 바늘을 빼는 과정을 반복하는 바느질 기법입니다. 반박음질의 겉은 홈질처럼 보이고, 뒤에서 보면 박음질처럼 실이 겹쳐 있습니다. 홈질보다 튼튼하게 바느질할 때 사용합니다.

온박음질

박음질 하면 보통 온박음질을 말합니다. 한 땀 뒤로 꿰매고 그 크기만큼 되돌려 다시 꿰매는 바느질 기법으로 반박음질보다 더 튼튼합니다.

감침질

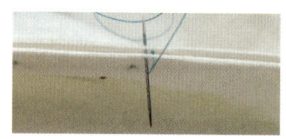

천의 접힌 부분이나 두 장의 천을 마주 댄 부분을 1mm 정도 간격으로 뜨는 바느질 기법입니다. 규방 공예를 할 때 많이 씁니다.

공그르기

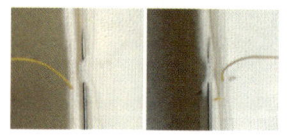

실이 겉으로 드러나지 않게 하는 바느질 기법입니다. 창구멍이나 바이어스를 마무리할 때, 끈을 만들 때 씁니다. ㄹ자형으로 연결해 바느질하며 숨뜨기라고도 합니다. 되도록 천과 비슷한 색의 실을 씁니다.

손바느질 팁

실 매듭짓는 법
바늘에 실을 꿴 뒤 엄지와 검지로 실 끝을 잡아 실을 두 번 돌려서 빼면 일정한 크기의 매듭이 생깁니다. 올이 성긴 천은 실을 세 번 이상 돌려서 매듭을 크게 하거나 박음질 두세 땀으로 바느질을 시작하면 올이 풀리지 않습니다. 홈질을 할 때도 시작과 끝을 두세 땀 박음질하는 것이 안전합니다. 바느질을 시작하거나 매듭을 지을 때는 모서리를 피하는 것이 좋습니다.

실 사용법
바느질은 기본적으로 실 한 올로 하고 두 올을 사용하는 것은 가급적 피합니다. 튼튼하게 바느질해야 할 곳은 박음질 또는 촘촘한 홈질로 합니다. 단, 단추를 달 경우에는 실을 두 올로 써도 좋습니다.

실의 길이는 가운뎃손가락 끝에서 팔꿈치까지가 적당합니다. 실을 새로 꿰는 게 귀찮아서 길게 하면 쉽게 엉켜버려 푸는 데 시간이 더 걸립니다. '실을 길게 꿰는 사람은 먼 곳으로 시집간다'는 옛말이 있습니다. 바느질 교실에서 이 말을 하면 엉킨 실을 풀며 서로 얼마나 멀리 시집왔나 이야기하느라 시간 가는 줄 모릅니다. 일본에는 '실을 길게 꿰는 사람은 게으르다'는 말이 있다고 합니다. 실 꿰는 것만으로도 화제가 만발입니다.

시접 정리와 창구멍 내는 법
두 장의 천을 겹쳐 바느질한 다음 뒤집을 경우에는 반드시 시접을 겉쪽으로 꺾어 다림질한 후 뒤집어야 겉면에 볼륨이 생겨 전체적인 모양이 잘 잡힙니다. 뒤집을 때는 모서리 부분의 시접을 잘 잡고 창구멍으로 빼내 각이 예쁘게 나오도록 합니다. 잘 나오지 않을 경우에는 억지로 빼지 말고 다시 뒤집어 시접을 잘 잡고 반복합니다. 창구멍은 모서리를 피해 중간쯤 내는 것이 좋습니다.

자수 도구

자수실 프랑스 DMC나 독일 앵커의 25번사를 많이 씁니다. 실패에 돌돌 말아놓고 한 번에 50cm씩 잘라 쓰는 것을 권합니다. 일반적으로 두 올을 가장 많이 쓰며 작품에 따라 한 올, 세 올 등을 쓸 때도 있습니다. 두 올은 실을 한 올씩 빼서 겹쳐 씁니다. 실타래에 실이 두 올 남았을 때도 한 올씩 빼서 두 올로 만들어 써야 수를 볼륨 있게 놓을 수 있습니다. 사시코 실 대용으로는 보통 4번사를 쓰고 흰색 자수 등은 실패에 감겨 나오는 8번사와 5번사를 씁니다.

바늘 자수 바늘은 바늘구멍이 크고 길쭉한 것이 좋습니다. 두 올로 수놓을 때 어울리는 바늘은 7호와 8호입니다.

수틀 작은 수 하나 정도는 수틀이 없어도 괜찮지만 비교적 정교하고 복잡한 수를 놓을 때는 수틀을 사용해야 볼록하고 예쁘게 완성할 수 있습니다. 수틀에 천을 팽팽하게 끼우고 수를 놓으면 바늘이 천을 통과할 때 나는 통통 소리에 저절로 기분이 좋아집니다. 소품에는 직경 12cm의 수틀로도 충분합니다.

초크지 도안을 천에 옮길 때 사용하는 복사지입니다.

투사지 도안을 옮길 때 쓰는 반투명의 얇은 종이입니다. 없으면 종이 포일로 대용합니다.

이외에 물로 지워지는 초크펜, 투사지 위에 놓고 쓰는 셀로판지, 도안을 옮길 때 쓰는 트레이서 등이 있으면 편리합니다.

바느질을 좋아하는 내게
어머니는 고이 간직했던 바느질 도구를
한 아름 물려주었습니다.
오래된 나무 상자 안에는
색색의 고운 실들이 멋진 실패에 감겨 있었습니다.
한동안은 이 실을 열심히 썼지만
이젠 없어지는 것이 아까워
가끔 꺼내 하나씩 풀었다 감으며
이 실로 어머니는 무엇을 만들었을까
혼자 상상하곤 합니다.

자수 기법

화려한 색으로 꽃의 농담(濃淡)을 표현하거나 천을 빼곡히 채우는 자수도 예쁘지만 리넨에는 한 가지 색실로 소박하게 놓은 자수도 잘 어울립니다. 작은 꽃, 나뭇잎, 허브 가지, 이니셜 등을 수놓기에 좋은 기법을 몇 가지 소개합니다.

이 정도 기법만 알아도 거의 모든 도안의 자수를 놓을 수 있습니다. 자수 책에 있는 도안을 옮겨 그려도 되지만 노트에 쓱쓱 그림을 그리듯 가벼운 마음으로 나만의 도안을 만들어도 좋습니다. 때로는 아이들이 그린 그림을 그대로 모사해 가방에 수를 놓아도 멋스럽습니다.

러닝 스티치

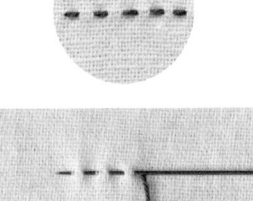

홈질과 같습니다. 도안의 윤곽이나 선을 약하게 표현할 때 사용합니다.

아웃라인 스티치

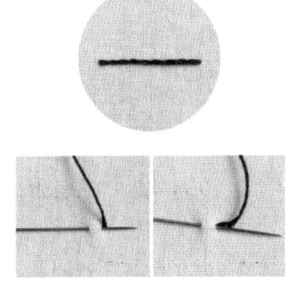

가지나 나뭇잎 둘레 등 선을 표현할 때 많이 씁니다. 곡선 부분을 수놓을 경우 간격을 촘촘히 해야 예쁩니다. 바늘을 일정한 방향으로 빼도록 주의해야 합니다.

레이지 데이지 스티치

작은 꽃잎 등을 수놓을 때 사용합니다. 너무 잡아당기면 꽃잎이 가늘어져 모양이 예쁘게 나오지 않습니다. 이 경우에는 수를 풀고 새로 시작합니다.

프렌치 노트 스티치

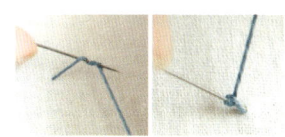

점처럼 보이는 스티치입니다. 씨앗 등을 표현할 때 많이 씁니다. 보통 두 번 감습니다.

스트레이트 스티치

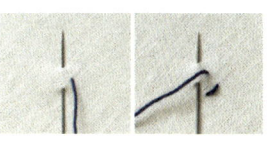

짧은 선을 표현할 때 많이 씁니다.

백 스티치

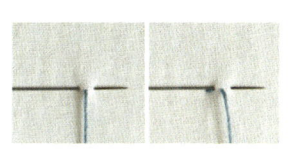

박음질과 같습니다. 작은 도안의 테두리로 많이 씁니다.

새틴 스티치

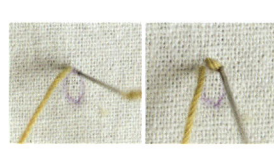

꽃잎 등의 면을 완전히 메울 때 씁니다. 예쁘게 수놓으려면 생각보다 시간이 많이 걸립니다.

체인 스티치

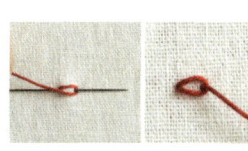

이니셜 등을 수놓기에 좋은 스티치입니다. 레이지 데이지를 연결한 스티치로 실을 너무 당기지 않도록 주의해야 합니다.

선물 포장 재료와 도구

포장지 무늬 포장지를 고르기 힘들 때는 단색의 포장지를 선택해 리본이나 스탬프, 마스킹테이프, 태그 등으로 장식하는 것도 멋스럽습니다.

유산지 샌드위치 포장용 유산지나 종이 포일을 쓰는 것이 좋습니다.

크라프트지 선물 포장용으로 쓸 경우에는 너무 두껍지 않은 것으로 고릅니다.

한지 포장뿐 아니라 병뚜껑을 덮고 끈으로 장식할 때도 쓸 수 있습니다. 무늬가 예쁜 한지를 몇 장 준비해두면 쓸모가 많습니다.

습자지 포장용 바구니나 상자 밑에 깔 때, 선물을 한 번 감싸 상자나 봉투에 넣을 때 쓰면 좋습니다.

끈 상자를 포장할 때나 종이봉투, 비닐 봉투, 주머니를 묶을 때는 물론 소품을 만들 때도 유용합니다. 면 끈, 레이스 끈, 리넨 끈, 리본, 라피아 끈, 삼베 끈, 굵은 색실, 고무줄, 털실 등 어울리는 끈을 사용합니다.

상자 단순한 종이 상자, 예쁜 철제 쿠키 상자, 대나무 바구니, 나무 상자 등 격식을 차려 선물하고 싶을 때 좋습니다.

천으로 된 보자기 리넨, 면, 광목으로 만든 보자기는 어떤 선물도 포장할 수 있는 만능 포장 재료입니다.

유리병 예쁜 유리병을 잘 씻어서 모아두거나 크기별로 구입하면 잼이나 반찬을 담아 선물할 때 좋습니다.

과일 포장 그물 스펀지, 에어 캡   깨지기 쉬운 선물을 보호하기 위해 씁니다.

레이스 페이퍼   크라프트지 봉투에 붙이거나 병뚜껑에 씌워도 예쁘고, 투명한 비닐에 넣어 작은 소품을 포장할 때 쓰면 귀엽습니다.

마스킹테이프   포장할 때 장식용으로 붙이기 위해 씁니다. 종류별로 다양하게 준비합니다.

스탬프   무지의 포장지, 종이봉투, 태그에 찍어서 장식하기에 좋습니다. 염색용 잉크로 찍으면 빨아서 쓸 수 있어 손수건 매트, 리넨 주머니에도 사용할 수 있습니다. 맘에 드는 문양의 스탬프가 없으면 지우개에 직접 새겨서 써도 좋습니다.

생화, 드라이플라워, 허브   포장 마지막 단계에 살짝 꽂거나 투명한 포장에 하나 넣으면 생기 있는 선물이 됩니다.

투명한 비닐 봉투, 종이봉투   크기별로 준비해두면 간단한 선물을 포장할 때 대활약하는 아이템입니다.

도구   풀, 가위, 자, 칼, 양면테이프, 셀로판테이프

이외에 일회용 용기, 종이 냅킨, 예쁜 지퍼백 같은 생활용품도 훌륭한 포장 재료입니다.

알아두면 좋은 온라인 숍

다양한 포장 재료 사기 좋은 곳
서흥이앤팩   http://www.sh-eshop.co.kr
포장119   http://www.package119.com

바느질 재료와 도구 사기 좋은 곳
엔조이퀼트   http://www.enjoyquilt.co.kr
데일리라이크   http://www.dailylike.co.kr
네스홈   http://www.nesshome.com
티핀   http://teapin.co.kr

생각나서 만들어봤어

오랜 관계를 빛나게 해주는 선물

내게는 오랜 친구가 있습니다. 사귄 지 30년이 넘은 지금까지도 거의 일주일에 한 번은 만나는 친구입니다. 매주 만나도 할 이야기가 너무 많아 차를 마시고 밥을 먹고 또 차를 마시며 시간이 가는 줄도 모르고 수다 삼매경에 빠집니다. 우리끼리는 '수다 테라피'라고 부릅니다.

멀리 떨어져 있던 몇 해 동안은 서로 일기를 쓰듯 쓴 편지와 맛있는 요리 레시피, 재미있게 읽은 책, 혼자 다녀온 전시회 팸플릿이나 티켓을 주고받으며 만나지 못하는 아쉬움을 달랬습니다.
결혼하고 처음 일본에 갔을 때 언어도 통하지 않고 친구도 없어서 바쁜 남편이 퇴근하기만을 기다리는 일상을 보냈습니다. 그 막막하고 긴 시간을 견디게 해준 것은 한 달에 한두 번씩 친구가 보내준 선물 상자와 손편지였습니다. 받을 때마다 뭐가 들어 있을지 궁금해 하며 상자를 열면 당시 내가 좋아하던 김창완의 라디오 방송을 녹음한 카세트테이프와 인기 드라마를 녹화한 비디오테이프, 내가 좋아할 것 같은 요리법, 여행길에서 사온 차와 과자, 친구가 재미있게 읽었던 책이 들어 있었습니다.
라디오 방송 멘트를 외울 정도로 테이프를 들으며 편지를 몇 번씩 읽고, 레시피를 따라 요리를 하다 보면 도쿄의 한 귀퉁이 공간이 그리운 서울의 내 방처럼 느껴졌습니다. 내가 좋아하는 것을 떠올리며 보내준 친구의 작은 선물들은 내게 외로움을 견디게 해준 감동 상자였습니다.

지금도 우리는 만날 때마다 서로에게 건넬 작은 선물을 준비합니다. 그리고 한참 수다를 떨다가 문득 생각난 듯 가방에서 선물을 꺼냅니다. 주말 동안 만든 밑반찬, 새롭게 구운 쿠키, 작은 텃밭에서 수확한 야채, 선물로 들어온 예쁜 사과 몇 알, 설탕을 조금 넣은 과일 잼, 밥솥에서 만든 치즈, 집에서 말린 드라이 토마토에 올리브를 넣어 만든 오일 절임, 정리하다 챙겨놓은 아이들 옷, 새로 개봉한 홍차, 여행지에서 찾은 맛있는 커피집의 원두, 쑥쑥 크고 있는 베란다의 장미 허브, 재봉틀을 배우며 만들어본 앞치마, 예뻐서 혼자 쓰기 아까운 천과 레이스……. 서로 주고받은 선물만 나열해도 끝이 없습니다.

모두 그리 대단하지 않은 일상의 작은 선물입니다. 하지만 그 선물들은 매 순간 맛있는 것과 좋은 것을 나누고 싶은 마음, 서로를 생각하고 아끼는 마음을 고스란히 말해줍니다.

서로의 생일에는 조금 특별한 선물을 합니다. 평소에 갖고 싶어 하던 좋은 그릇, 새로 빠져든 향초, 디퓨저 용 예쁜 병, 향수, 직접 만든 케이크, 산더미처럼 구워 하나하나 멋지게 포장한 쿠키를 쇼핑백 한가득 건넵니다. 그렇게 서로의 취향에 맞춘 풀 세트 선물을 받으면 소중한 사람이 된 듯 행복한 마음으로 생일을 보냅니다.

설령 단 한 명일지라도
나를 진심으로 위하고
생각해주는 사람이 있다는 것,
그 자체만으로도 삶의
커다란 선물입니다.

주고 난 후 뿌듯함이 오래 남는 선물

리넨 주머니

나는 손을 꼼지락거리는 것을 좋아합니다. 무언가를 만들고 있지 않으면 손이 심심합니다. 그래서 틈틈이 좋아하는 바느질을 합니다. 그렇게 바쁘게 살면서 좀 쉬지 그러냐고 하는 친구들도 있지만, 나는 가만히 앉아 바느질하는 시간이 참 좋습니다.

먼저 커다란 천을 펼치거나 조각 천을 늘어놓고 무얼 만들까, 어떻게 만들까 상상합니다. 하늘하늘 사각사각 천을 만지작거리다가 이미지가 떠오르면 딸아이 색연필로 노트에 그림을 그린 뒤 다시 천 위에 옮겨 그려 가위로 자릅니다. 이어 어울리는 실을 골라 바늘에 꿰고 바느질을 시작합니다. 눈과 손, 바늘, 실, 천이 하나가 되면 머릿속을 어지럽히던 생각들은 사라지고 단순한 손의 움직임만 남습니다. 요가에서 눈을 감고 두 손을 무릎 위에 올린 자세로 명상하는 시간처럼 잡념이 없는 고요한 상태가 되는 것입니다.

가끔 바느질이 지겨워질 때는 금방 만들 수 있는 소품을 선택합니다. 컵 받침을 만들거나 털실로 수세미를 하나 뜨고 나면 충만한 뿌듯함으로 하루를 마칠 수 있습니다.

내 주위에도 꼼지락 홀릭인 친구들이 있습니다. 그들을 만날 때면 나는 바느질할 때 편했던 도구들, 모아둔 천, 독특한 그러데이션 실 등을 하얀 광목이나 리넨으로 만든 주머니에 넣어 건넵니다.

손으로 만든 주머니만으로도 굉장히 좋아합니다. 나중에 만날 때 보면 그 주머니가 가방 안에서 소품 주머니로 대활약하거나 더 예쁜 주머니로 변신해 있기도 합니다.

나는 종종 바느질을 좋아하는 친구들과 나누고 싶은 마음에 친구가 좋아할 만한 무늬의 천을 골라 크기에 맞추어 착착 갠 뒤 끈으로 묶습니다. 행주에 홈질로만 자수를 놓을 때 쓰는 사시코용 실, 색깔이 특이한 바늘, 실을 자를 때 쓰는 귀여운 소품도 준비합니다. 모두 주머니 안에 들어갈 녀석들입니다.

주머니를 열어 하나씩 꺼내보면서 좋아할 친구의 모습을 떠올리니 나도 괜히 웃음이 납니다. 그렇게 작은 소품들을 넣고 다니기에 딱 좋은 얇은 리넨 주머니에 준비한 것을 넣고 산타 클로스의 선물 주머니처럼 무엇이 들어 있을까 궁금하도록 끈으로 예쁘게 묶습니다.

받는 사람이 자기만의 용도로 자유롭게 쓸 수 있는 리넨 주머니는 주고 난 후의 뿌듯함이 오래 남는 선물 포장입니다. 만들기가 어렵다면 단순한 모양의 주머니를 구입해 자수를 한 줄 놓거나 스탬프를 찍어도 좋습니다.

리넨 주머니는 속옷 주머니, 가방 안 정리 주머니, 단추와 고무줄을 단 도시락 주머니, 사무실 서랍 속 간식 주머니 등으로 변신합니다. 아끼는 그릇을 넣고 예쁘게 묶어 보이는 그릇장에 수납해도 좋습니다.

리넨 주머니 만들기

준비할 재료

리넨 50×35cm, 면 끈 50cm, 자수용 실 약간

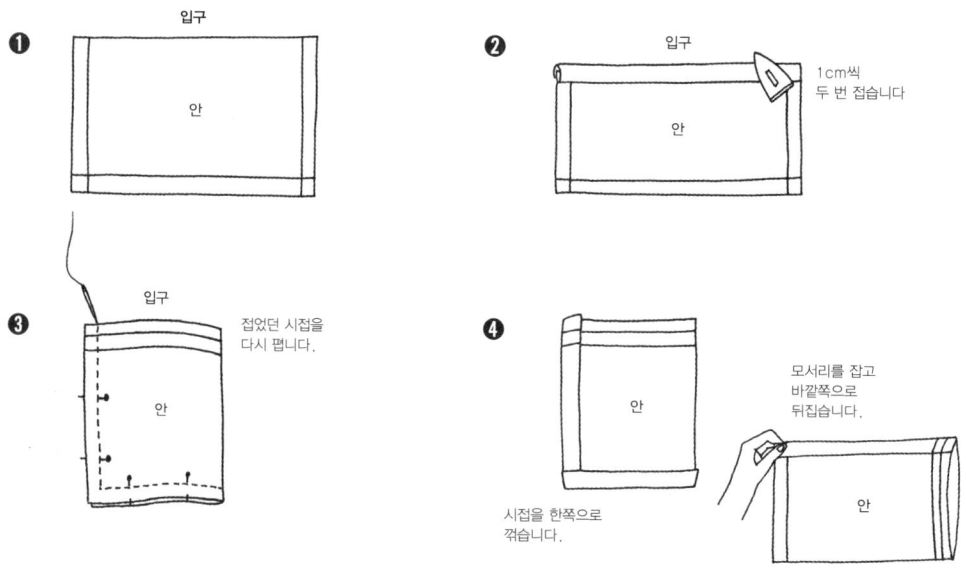

1. 천의 입구 쪽만 남기고 세 변마다 1cm 안쪽에 완성선을 표시합니다.

2. 입구 쪽 시접을 1cm 폭으로 두 번 접어 다리미나 헤라를 이용해 꾹 눌러 선을 표시합니다.

3. 접어 놓았던 입구 쪽 시접을 다시 펴고 천의 겉끼리 맞닿도록 반으로 접습니다. 입구를 제외한 나머지 부분을 완성선에 맞추어 홈질합니다.

4. 뒤집었을 때 깔끔한 선이 나오도록 홈질한 부분의 시접을 한쪽으로 꺾습니다. 이때 모서리 부분의 각을 잘 맞추어 꺾습니다. 모서리 부분을 손으로 잡고 바깥쪽으로 뒤집습니다.

5. 손으로 모양을 잘 다듬은 뒤 입구의 시접을 안쪽으로 접어서 시침핀으로 고정시킵니다.

6. 맘에 드는 수실을 골라 위에서 7mm 내려오는 지점에 선을 살짝 긋고 수실로 홈질합니다. 이때 수실을 실 묶음에서 한 올씩 빼 두 겹으로 쓰면 훨씬 도톰하고 예쁘게 수놓을 수 있습니다.

주머니 입구 바느질이 끝나면 전체적으로 모양을 잡아주면서 살짝 다림질을 합니다. 선물이 흐트러지지 않게 작은 봉투에 담고 리넨 주머니에 넣은 다음 면 끈으로 묶습니다.

주머니 만들 때 알아두면 좋아요

1. **천은 무늬가 없거나 단순한 무늬의 천이 어울립니다.**
   주머니용 천은 빨면 빨수록 질감이 좋아지는 리넨, 광목이 제일 적당합니다. 무늬가 없는 천은 입구 부분에 자수를 놓아 포인트를 주고, 무늬가 있는 천은 천과 같은 색 실로 바느질해서 무늬를 돋보이게 하는 것이 좋습니다.

2. **자수실은 빨강, 파랑, 초록, 밤색같이 진한 색이 잘 어울립니다.**
   감겨 있는 실을 보면 파스텔 톤 실이 예뻐서 저절로 손이 가지만 포인트를 주려면 과감한 색을 선택해야 합니다.
   자수를 놓을 때는 간격을 잘 맞추려고 한 땀 한 땀 뜨는 것보다 자연스럽게 두세 땀을 한 번에 뜨는 것이 모양도 예쁘고 손맛도 살릴 수 있습니다.

3. **주머니를 묶는 끈은 천과 비슷한 재질로 된 것을 씁니다.**
   리넨에 광택이 나는 리본 끈은 어색합니다. 면 끈 혹은 마 끈을 쓰거나 주머니를 만든 천을 길게 잘라 끈 대신 쓰는 것도 좋습니다. 면으로 된 레이스 끈을 쓰면 색다른 느낌이 납니다.

책 읽는 즐거움이 두 배

책보와 책갈피

일본에 살 때의 일입니다. 결혼 전까지 한국에서 출판사에 다녔던 터라 일본어를 잘 몰라도 지나가다 서점만 보이면 들어가서 마치 다 읽을 수 있는 양 책을 넘겨보고 구경하는 게 취미였습니다. 활자로 가득한 책은 금방 싫증이 나니까 처음에는 사진만 보고도 따라할 만한 요리책을 들춰보다가 그다음에는 여행책, 잡지 그리고 일어를 조금 깨우치면서 얇은 문고본에 도전했습니다.

일본에서는 책을 살 때마다 대부분 그 서점 고유의 책 표지를 씌워줍니다. 책 사이에 책갈피를 하나씩 꼭 끼워 주는 것은 덤입니다. 그런데 그게 얼마나 멋스럽고 예쁜지 나중에는 책갈피 모으는 재미로 서점에 더 자주 다녔습니다. 일부러 책갈피가 예쁜 서점을 찾아가기도 했고요.

지금도 책갈피가 예뻤던 오차노미즈 소센 서점의 올겨울 책갈피는 어떤 것일지 궁금합니다. 계절별로 다른 일러스트, 다양한 소재, 제각각인 모양으로 흥미를 돋우는 책갈피. 감각적이고 멋스러운 책갈피 덕에 책 읽는 즐거움이 더 컸던 것 같습니다.

그래서 생각한 것이 책을 곱게 감싸는 책보와 책갈피입니다.
책이 귀하던 시절에 쓰던 것을 떠올리며 만든 책보에 세상에서 단 하나밖에 없는 책갈피를 끼운 엄선한 책을 담아 건넵니다.

책을 선물하는 것은 의외로 쉽기도 하고 어렵기도 합니다.
취향이 같으면 고르기가 편할 것 같지만 혹시 같은 책을 이미 읽었을까 싶어 고민스럽습니다.

무엇을 골라야 할지 망설여질 때는 평소에 잘 보는 요리책이나 보기만 해도 마음이 밝아지는 사진집, 어른들을 위한 동화책을 선물하는 것이 좋습니다. 친구에게는 내가 읽은 책 중 권하고 싶은 것을 선물하는 게 좋을 듯합니다.

한동안 추리소설에 빠져 지낼 무렵 나는 친구와 경쟁하듯 새로운 작가를 발견했다는 둥 배경이 어떻다는 둥 하면서 소설 이야기만 했습니다. 스웨덴의 말뫼를 배경으로 한 추리소설 몇 권을 연달아 읽고 나서는 주변의 모든 풍경이 말뫼인 양, 여기는 그 소설에 나오는 맛없는 피자집 같고 저기는 그 바닷가 같다며 상상의 나래를 펼치기도 했지요. 아직도 그 친구를 만날 때마다 그때 읽은 책 이야기를 하며 그 시절을 돌아보곤 합니다.

감동을 함께 나눈 친구와는 오래도록 할 이야기가 아주 많습니다.

여가 시간에 책 읽기를 즐기는 남편을 위해 만든 책보입니다.
좋아하는 색을 골라 만들어준 책보 덕에
책 읽는 즐거움이 배로 늘어났다며 신이 났습니다.

책보 만들기

준비할 재료

두 변을 52×52cm로 재단한 삼각형 모양의 겉감용과 안감용 천 두 장, 끈 60cm, 단추
(여기에서는 겉감으로 무지의 리넨을, 안감으로 원고지 무늬 천을 사용했습니다.)

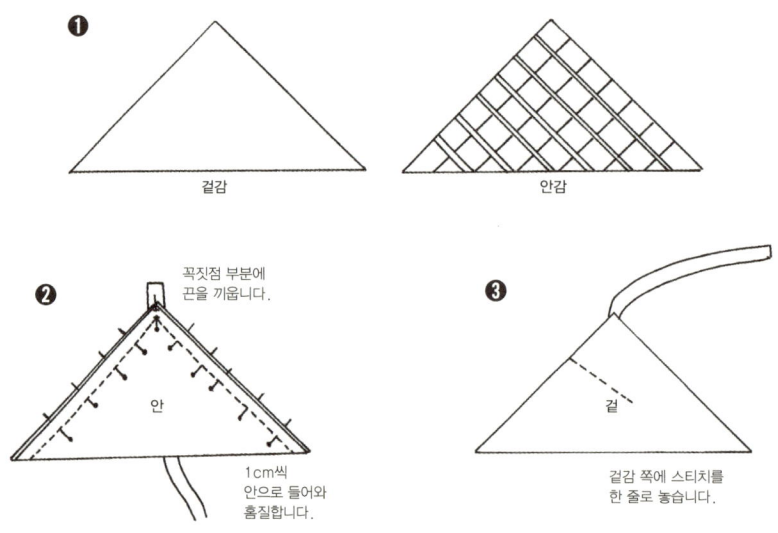

1. 겉감용, 안감용 각각 52×52cm의 정사각형 천을 사선으로 잘라 준비합니다.

2. 겉감과 안감을 겉끼리 마주 대고 시침핀을 꽂은 후 길이가 같은 두 변의 1cm씩 안으로 들어간 곳에 완성선을 긋습니다. 겉감과 안감 사이 꼭짓점 부분에 끈을 끼우고 완성선을 따라 곱게 홈질합니다.

3. 홈질이 끝나면 시접을 겉쪽으로 꺾어 다림질한 다음 겉감 쪽으로 뒤집고 맘에 드는 실로 자수를 한 줄 놓습니다. 이 자수는 장식 효과도 있지만 겉감과 안감이 들뜨지 않게 잡아주는 역할도 합니다. 안감까지 실이 통과되도록 꼼꼼히 바느질합니다.

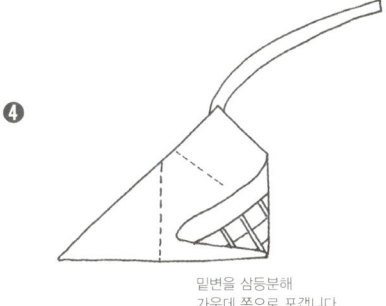

❹ 밑변을 삼등분해
가운데 쪽으로 포갭니다.

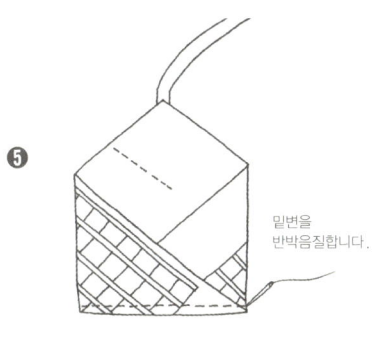

❺ 밑변을
반박음질합니다.

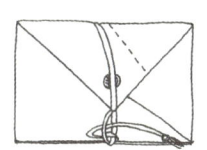

4. 겉감을 위로 향하게 놓은 다음 밑변을 삼등분해 가운데 쪽으로 포 갭니다.

5. 밑변을 반박음질한 후 안감이 안으로 오도록 뒤집고 겉감의 모서 리 부분에 단추를 달면 완성입니다.

친구에게 원고지 무늬의 천을 받자마자 어디에 쓸까 고민했는 데 딱 제자리를 찾았습니다. 원고지 빈 칸에 염색용 펜으로 짧 은 편지를 써 넣어도 멋질 듯합니다.

책갈피 만들기

준비할 재료

×× 원고지 책갈피 ××

리넨 9×13cm, 끈 8cm,
검은 수실 약간

×× 패턴 책갈피 ××

두껍지 않은 무늬 천
9×15cm, 끈 8cm

×× 조각보 책갈피 ××

얇고 빳빳한 모시
2.5×30cm,
모시 조각 천 3~4개

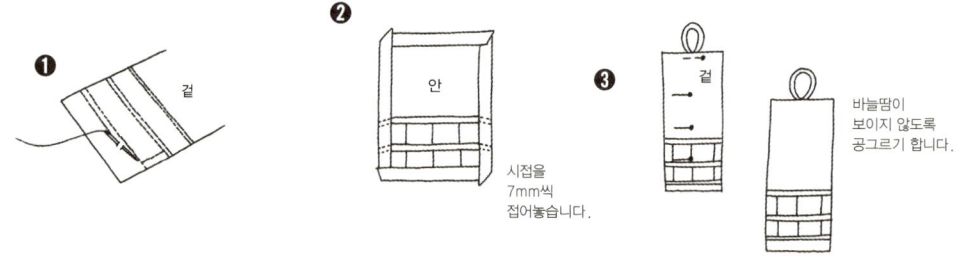

원고지 책갈피

1. 천에 원고지 모양의 선을 그리고 선을 따라 아웃트라인 스티치 또는 백 스티치를 합니다. 가느다란 선을 표현하기 위해 수실은 한 올로 합니다.

2. 수를 다 놓은 후 네 변의 시접을 1cm씩 안으로 접습니다.

3. 안이 맞닿도록 길게 반으로 접어 시침핀으로 고정한 후 준비한 끈을 끼워 넣고 사방을 공그르기합니다. 이때 바늘땀이 보이지 않도록 실을 살짝 당기면서 바느질합니다.

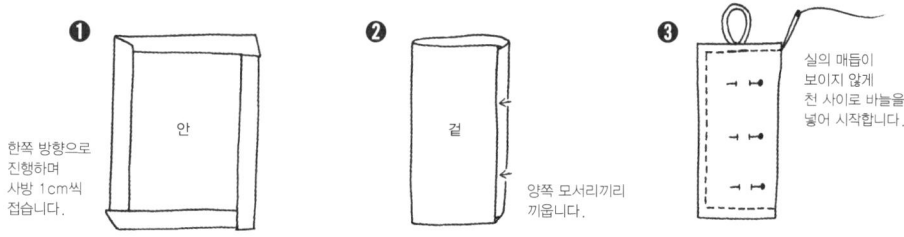

패턴 책갈피

1. 준비한 천을 그림과 같이 사방 1cm씩 접어 다림질합니다.

2. 시접 부분의 모서리를 서로 잘 끼워 시침핀으로 고정합니다.

3. 끈을 접어 천 사이에 끼우고 시침핀으로 고정한 다음 가장자리를 따라 홈질합니다. 끈 부분을 고정시키기 위해 박음질로 두 번 왕복합니다.

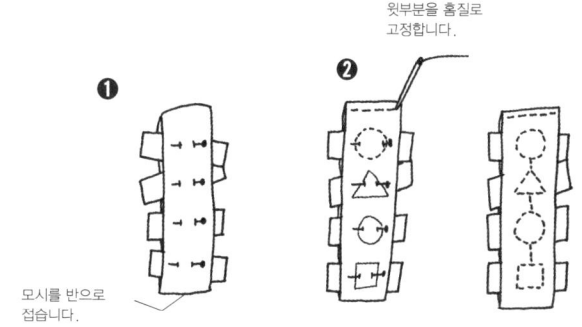

조각보 책갈피

1. 모시를 반으로 접어 안쪽에 조각 천을 원하는 순서대로 조금 엇갈리게 끼워 넣고 시침핀으로 고정합니다.

2. 모시 위에 단순한 도형을 살짝 그린 후 윗부분을 홈질로 고정하고 그려놓은 선대로 홈질하면 완성입니다.

바느질하다가 남은 조각 천을 버리기 아까워 만들어본 책갈피입니다. 조각 천의 배치와 색깔, 스티치, 모양만 바꾸어도 재미있는 책갈피가 됩니다.

그날그날 골라 마시는 즐거움

리넨 컵 받침과 차

차를 마시는 시간은 바쁜 일상 속에서 한숨을 돌리게 해주는 쉼표 같은 시간입니다. 쳇바퀴 안을 빙빙 돌듯 반복되는 일상이 지루할 때면 나는 먼 나라에서 온 차를 마시며 잠시나마 여행을 떠난 듯한 기분을 즐깁니다. 차를 한 모금 홀짝이는 순간 마음은 런던의 어느 거리에, 스리랑카의 차 밭에 가 있습니다.

잠에서 깨어 하루를 시작하며 한 잔, 아침을 먹으며 한 잔, 오전에 집안일을 끝내고 한 잔, 오후 간식과 곁들여 한 잔, 여기에 바느질 수업이 있는 날이면 학생들과 함께 또 한 잔 마십니다. 내게 차가 없는 일상은 상상하기 힘듭니다.
그래서인지 내 주위에는 차를 좋아하는 친구도, 차를 선물하는 친구도 많습니다. 바느질 수업을 듣는 일본인 친구들이 가져오는 오미야게(여행지나 출장지에서 선물로 사오는 그 지방의 특산품 또는 기념품) 1위는 차입니다. 차 바구니에 가득 담긴 차는 보고만 있어도 입 안에 향기로움이 가득 맴돕니다. 혼자 다 마실 수는 없기에 차를 좋아하는 친구를 위해 차 나눔 선물을 꾸립니다.

그날그날 그때그때 기분에 따라 골라 마시는 즐거움을 누리라고 차를 두세 개씩 종류별로 작은 봉투에 담아 차의 이름을 적습니다. 마시는 방법이 다른 차는 따로 메모를 붙입니다. 좋아하는 천으로 만든 컵 받침과 티 푸드도 함께 준비합니다. 선물은 여러 종류의 차를 담을 수 있는 바구니에 옹기종기 모아 넣습니다. 예쁜 종이로 바구니 위를 감싸고 티 포트 모양의 태그를 살짝 끼워 리본으로 묶으면 완성입니다.

퀼팅 솜을 넣은 컵 받침은
따뜻한 차의 따뜻함을 더 오래 유지해주고,
시원한 차의 컵에 맺히는 물방울을 흡수해
테이블이 젖는 걸 막아줍니다.
무얼 마실까 행복한 고민에 빠져 있는
친구의 모습을 상상하니 벌써 즐겁습니다.

컵 받침 만들기

준비할 재료

앞면용과 뒷면용 14×14cm 천 두 장, 퀼팅 솜 12×12cm, 리본 끈 약간

(완성 크기 12×12cm 기준)

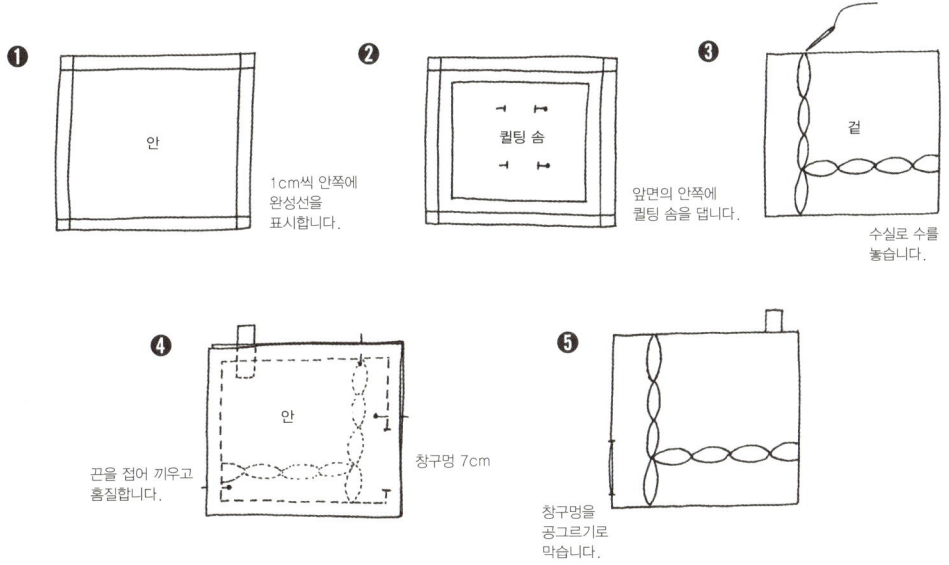

1. 앞면용 천과 뒷면용 천의 안쪽에 1cm씩 안으로 완성선을 표시합니다.

2. 앞면용 천 안쪽의 완성선에 맞추어 퀼팅 솜을 댑니다.

3. 앞면용 천의 겉면에 꽃잎 도안을 그리고 사시코용 실이나 25번사를 세 올 정도 겹쳐서 러닝 스티치를 합니다. 솜이 고정되도록 바늘을 깊이 통과시킵니다. [도안 171쪽 참고]

4. 퀼팅 솜을 댄 앞면과 뒷면을 겉끼리 마주 대고 시침핀으로 고정한 후, 한쪽에 끈을 접어 끼워 넣습니다. 다른 쪽에 창구멍을 7cm 정도 남기고 완성선을 홈질합니다.

5. 창구멍으로 뒤집은 후 바늘땀이 보이지 않게 공그르기로 막습니다.

이제 써볼까

일기장과 필통

학창 시절, 친한 친구와 교환 일기를 쓴 적이 있습니다. 별다를 것 없이 학교와 집을 오가는 단조로운 일상 속에서도 매일매일 쓸 이야기가 얼마나 무궁무진했던지……. 꼭 무슨 일이 있어서라기보다 우리 나름대로의 고민과 생각을 일기로 나눈 것이지요.

지금 고등학생이 된 딸이 중학교에 다닐 때까지 친구와 교환 일기를 쓰는 걸 보고 '이런 건 세월이 지나도 변하지 않는구나' 하는 생각을 했습니다.

오랜만에 방을 정리하다가 몹시 예뻐서 아껴둔 노트를 발견했습니다. 남편이 출장길에 사다준 것인데 아까워서 계속 책꽂이에 꽂아만 두었다가 어느새 잊었던 모양입니다.

이제 써볼까.
말라버린 만년필에 잉크를 넣어 짧은 일기를 씁니다. 하루 일과가 끝나고 혼자 방에 앉아 은은한 조명 아래 사각사각 펜글씨를 쓰면 마음이 고요해집니다. 동시에 의미 없이 지나갈 뻔한 똑같은 하루가 조금은 특별해지고 고민거리도 천천히 사그라집니다.

교환 일기를 쓰고도 모자라 쉬는 시간마다 꼭꼭 접은 편지를 교환하던 친구에게 소중한 하루를 기록하는 여유를 선물하고 싶습니다. 친구가 좋아하는 색으로 만든 필통에 예쁜 펜을 넣어 일기장과 함께 건넬 생각을 하니 벌써부터 마음이 들뜹니다.

필통 만들기

준비할 재료

베이지색 리넨 23.5×13.5cm(①), 회색 리넨 5.5×13.5cm(②),
초록색 리넨 27×9.5cm(③), 안감용 리넨 27×43cm(④),
퀼팅 솜 25×19cm, 끈 45cm, 나무 구슬, 자수실

(완성 크기 25×19cm 기준)

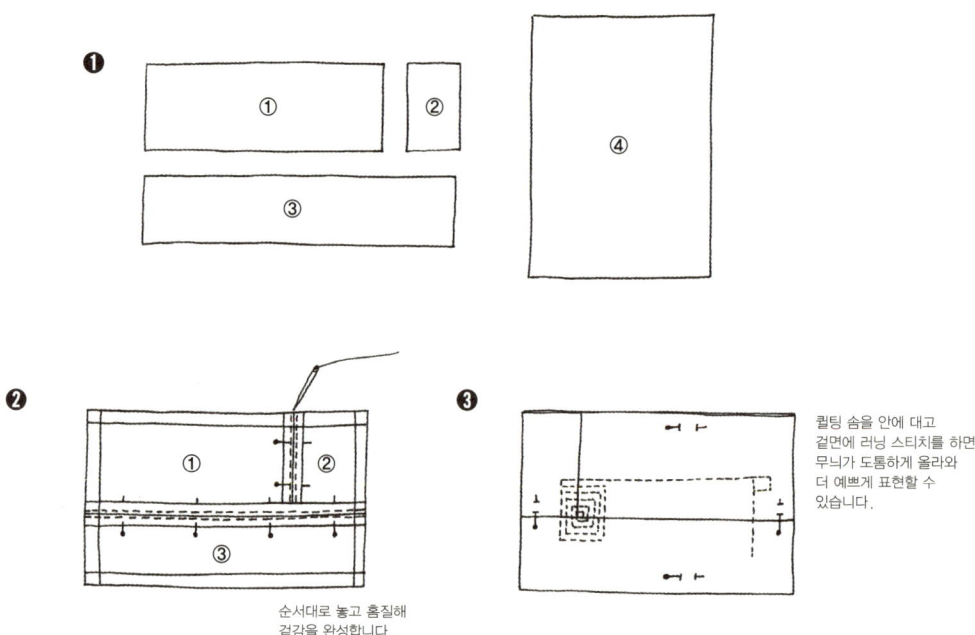

순서대로 놓고 홈질해 겉감을 완성합니다.

퀼팅 솜을 안에 대고 겉면에 러닝 스티치를 하면 무늬가 도톰하게 올라와 더 예쁘게 표현할 수 있습니다.

1. 크기별로 천을 준비합니다.

2. ①, ②, ③의 사방 1cm 안쪽에 완성선을 긋고 ①과 ②가 맞닿은 변을 먼저 홈질한 뒤, ③을 홈질로 연결합니다. 그 다음 시접을 양쪽으로 갈라 놓습니다.

3. ❷의 겉면에 수놓을 무늬를 초크펜이나 샤프펜으로 그린 다음, 안쪽에 퀼팅 솜을 맞추어 대고 시침핀으로 고정한 후 선을 따라 러닝 스티치를 합니다.

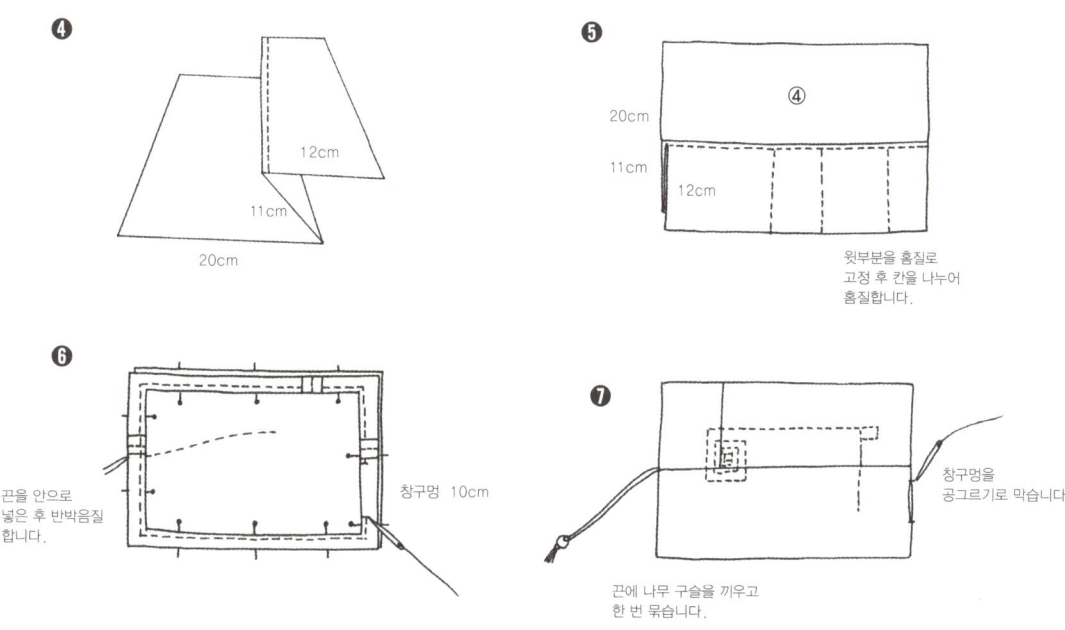

4. 안감용 천 ④를 그림과 같이 위에서 20cm 되는 지점을 안끼리 맞닿도록 한 번 접은 뒤, 나머지를 반대 방향으로 11cm, 12cm가 되게 한 번 더 접습니다.

5. 12cm와 11cm의 접은 윗부분만 홈질로 고정한 후 용도에 맞게 서너 칸 정도로 나누어 접은 세 겹의 천이 모두 통과하도록 홈질해 연필 꽂는 부분을 완성합니다.

6. 겉감과 안감을 겉끼리 마주 대고 한쪽에 창구멍을 10cm 정도 남깁니다. 다른 쪽에는 끈을 안으로 넣은 후 완성선을 따라 반박음질합니다.

7. 창구멍을 통해 뒤집고 공그르기로 막습니다. 끈에 나무 구슬을 끼우고 끝을 한 번 묶으면 완성입니다.

포장하기

1. 보자기의 겉이 위로 오도록 놓고 무늬가 없는 쪽으로 먼저 감쌉니다.
2. 무늬가 있는 쪽이 위로 겹치게 감쌉니다.
3. 좌우를 겹쳐 일자로 묶은 후 무늬가 있는 부분 양옆을 접습니다.
4. 매듭 부분을 감싸듯이 끼워 넣습니다.

사시코 보자기

준비할 재료

진한 색 무지 50×50cm, 사시코용 흰색 수실(없을 경우에는 굵은 면사)

1. 천의 네 변을 1cm씩 두 번 접습니다.
2. 천의 한쪽 모서리에 초크펜으로 자유롭게 무늬를 그립니다.
3. 무늬를 따라 홈질합니다. 사시코는 기본적으로 실의 매듭을 짓지 않고 시작합니다. 처음 시작 세 땀과 마무리 세 땀을 왕복하며 겹쳐서 바느질하면 올이 풀리지 않고 뒷면도 깔끔합니다.
4. 네 변의 접은 부분을 천과 비슷한 색의 실로 홈질하면 완성입니다.

접은 부분을 홈질로 마무리하고 사시코를 놓아도 상관없지만 여기서는 접은 부분에도 무늬가 살짝 들어가도록 먼저 사시코를 놓았습니다.

사시코는 일본의 전통 수예입니다. 천이 귀하던 시절 우리의 누비처럼 해진 곳을 튼튼히 하기 위해 새로운 천을 덧대 홈질한 것에서 유래했다고 합니다.
기하학적 문양이 특징인 사시코는 천에 빽빽이 무늬를 그린 후 홈질로 채우거나 천의 한 곳에 포인트로 살짝 수를 놓기도 합니다. 실용적이고 수수한 데다 간결한 느낌 때문인지 요즘에는 북유럽 수예 책에도 등장할 만큼 인기입니다. 행주는 물론 가방이나 쿠션, 테이블 매트, 손수건 등 어느 곳에 수를 놓아도 잘 어울립니다.

한 땀 한 땀 바느질로 꽉 채운 사시코 행주를 친구에게 처음 선물 받고는 이 고운 걸 어떻게 쓰나, 행복한 고민에 빠졌던 기억이 납니다. 부엌에서 쓰는 행주는 잘 닦이고 깨끗하기만 하면 된다고 생각했는데 사시코 행주를 쓰는 친구를 보고 새로운 걸 알았습니다. 작은 행주 하나로도 부엌일이 즐거워진다는 것을요.

어느 날 친구에게 아키타의 친정 엄마가 보내주었다는 천과 실, 바늘, 도안까지 있는 사시코 세트를 선물로 받았습니다. 얼굴도 모르는 딸의 친구에게 보내준 그 마음이 고마워 한동안 테이블 위에 두고 바라보며 좋아서 어쩔 줄 몰라했습니다. 몇 번을 펼쳤다 접었다 하다가 결국 한 땀 한 땀 바느질을 해보았습니다. 지금도 사시코를 할 때면 만나자마자 신기하게도 마음이 똑 맞았던 그 친구와 그녀의 엄마가 생각납니다.

혼란스러운 머릿속을 비우고 싶을 때면 나는 천 가득 무늬를 그려놓고 사시코를 합니다. 선과 선이 만나긴 해도 서로 겹치지 않는 사시코를 계속 하다 보면 생각이 정리됩니다. 선물 포장을 할 때는 선물을 곱게 싸기 좋은 천에 사시코를 한 다음에는 수놓은 부분이 가운데 오도록 묶어서 건네는 것이 포인트입니다.

설렘 가득한 요리 시간

리넨 앞치마와 행주

우리 집 테이블 위의 바구니에는 항상 뽀얀 행주 더미와 여러 가지 수실이 들어 있습니다. 하루 일과가 끝나면 조용히 앉아 행주에 수를 놓습니다. 이건 수라고 하기에는 조금 쑥스러운 수실 놀이입니다. 그저 그때그때 맘에 드는 실을 골라 손 가는 대로 수를 놓는 것입니다. 일부러 삐뚤빼뚤 놓을 때도 있고 기분에 따라 작은 나무 한 그루를 수놓을 때도 있습니다.

작은 수를 놓은 행주는 요리 도사 친구를 만날 때나 이제 막 독립해 요리를 시작하는 후배를 만날 때 가지고 나갑니다. 그냥 하얀색 행주도 예쁘지만 조그맣게라도 수를 놓은 행주는 부엌일을 즐겁게 해줍니다.

가끔은 주름이 예쁜 앞치마 혹은 소박한 리넨 앞치마를 만들어주거나 오래 두르고 있어도 어깨가 편한 앞치마를 사서 수를 놓아 주기도 합니다. 약간의 스티치만 해도 특별한 선물이 됩니다. 여기에 고운 손 간직하라고 핸드크림을 같이 넣으면 마음의 온도는 더욱 높아집니다.

리넨 앞치마 만들기

준비할 재료

리넨 본판용 108×47cm(①), 주머니용 39×25cm(②),
흰색 면 테이프 1.5×5cm(③), 리넨 끈 150cm, 파란색 수실

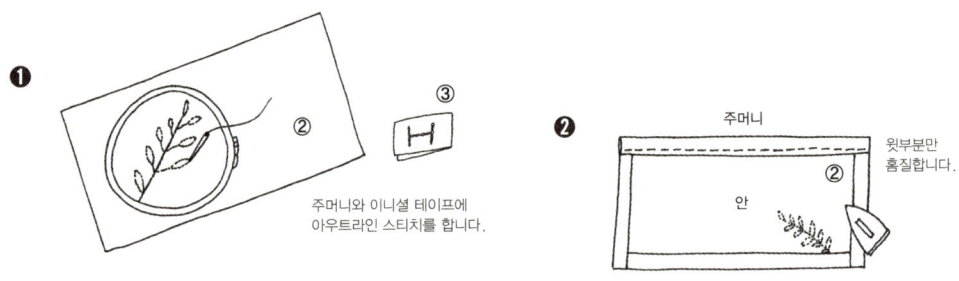

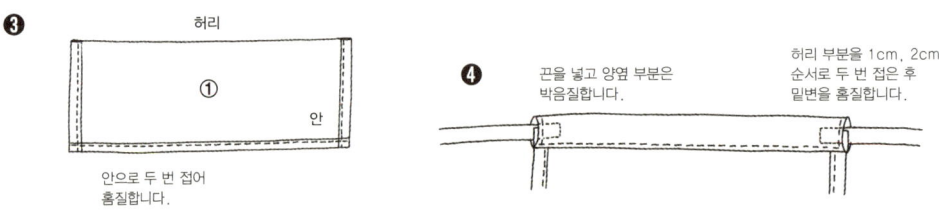

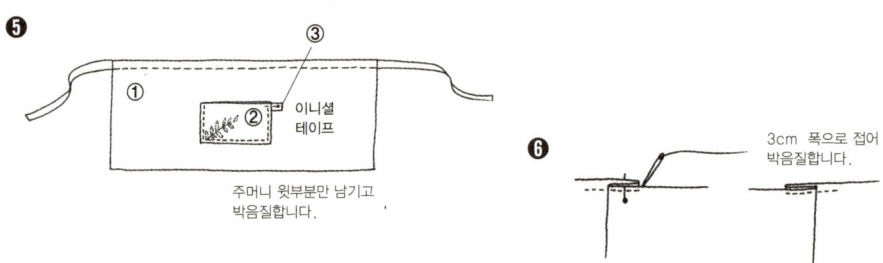

1. 주머니용 천에는 나뭇가지 모양의 도안을, 흰색 면 테이프에는 친구의 이니셜을 그려 넣은 다음 아웃트라인 스티치를 합니다. [도안 173쪽 참고]

2. 그림과 같이 주머니용 천의 네 변을 1cm씩 두 번 접어 다림질한 후 윗부분만 홈질합니다.

3. 앞치마 본판의 허리 부분을 제외한 세 변을 1cm씩 두 번 접어 홈질합니다.

4. 허리 부분을 1cm, 2cm 순서로 접은 후 밑변을 홈질한 다음, 양옆에 끈이 각각 1.5cm 정도 들어가도록 끼우고 박음질로 고정합니다.

5. 앞치마의 겉에 주머니와 이니셜 테이프 위치를 잘 잡아 시침핀으로 고정한 후 주머니의 윗부분을 남기고 박음질합니다.

6. 허리 부분의 양 끝에서 각각 17cm 정도 안쪽으로 두 곳을 3cm 폭으로 접어 박음질해 주름을 만들면 완성입니다.

손바느질이 힘들면 재봉틀로 박아도 괜찮습니다. 직선 박기만 있어서 재봉틀 초보도 쉽게 만들 수 있습니다.

포장하기

준비할 재료

리넨 주머니, 가는 끈, 도톰한 리넨 끈, 도일리 페이퍼

1. 핸드크림을 도일리 페이퍼로 감싸 테이프로 고정합니다.

2. 곱게 갠 앞치마 위에 행주와 핸드크림을 올려 놓고 가는 끈으로 묶습니다.

3. 주머니에 넣고 리넨 끈으로 묶으면 완성입니다.

실과 천만 있으면
누구나 시작할 수 있습니다

중학교 가정 시간에 선생님이 주름치마를 만들어오라는 숙제를 내주었습니다. 그때 엄마가 재봉틀로 만들어주거나, 수선집에서 해준 것을 가져오는 친구가 많았지만 나는 엄마가 바빠서 내가 손바느질로 직접 만들었습니다. 일정한 간격으로 촘촘하게 박은 친구들의 주름치마를 본 나는 손바느질로 만든 내 치마를 내놓기가 부끄러웠습니다. 그런데 대학을 갓 졸업하고 우리 학교에 부임한 가정 선생님은 이걸 네가 직접 만들었냐며 바느질을 정말 잘한다고 칭찬을 해주었습니다. 창피해서 숨고 싶은 마음뿐이었는데 그 말을 듣고 어찌나 기뻤던지, 그 뒤로 집에 있는 커튼 천을 잘라 주름치마를 열 개는 더 만들었던 것 같습니다.

꼼지락 홀릭의 시작은 그때부터였습니다.
제대로 배워본 적도 없는 뜨개질로 몇 번을 떴다 풀었다 해가며 털목도리, 귀마개, 가방을 떠서 두르고 메고 다녔습니다. 틈만 나면 천 조각으로 지갑이나 필통을 만들기도 했습니다. 비록 서툰 솜씨였지만 실과 천을 가지고 노는 그 시간이 무척 좋았습니다.

나는 평소에는 물론 여행지에서도 천 가게를 찾아 돌아다니는 걸 좋아합니다. 색깔이 고운 천, 독특한 무늬의 천, 질감이 다른 무지 등 맘에 드는 천을 발견하면 무작정 사놓습니다. 때로는 아이 방을 꾸미기 위해, 옷이나 가방을 만들기 위해 사기도 합니다. 어쩌다 큰맘 먹고 산 천은 볼수록 예뻐서 옷장 속에 숨겨놓은 보물을 꺼내보듯 쳐다만 보기도 합니다. 살랑살랑 부는 봄바람을 그리며 원피스를 만들려고 산 천은 미루고 미루다 허리 부분에 고무줄을 쑥 끼워 집에서 입는 하늘하늘 스커트로 바꾸기도 합니다.

아끼느라 다 쓰지 못한 천, 맘에 들어 대책 없이 많이 산 천, 옷 만드는 일을 했던 시어머니에게 받은 귀한 앤티크 천, 한국을 떠나는 일본인 친구들이 준 천……. 모아 놓은 천을 보기만 해도 또 이 천으로 무엇을 만들까 상상만 해도 이미 다 만든 것처럼 뿌듯하고 즐겁습니다.

어머니가 물려준 천으로 큰아이에게는 바지를,
작은아이에게는 원피스를 만들어 세트로 입혔습니다.
아이들이 좋아하는 발도르프 인형에게도
같은 천으로 옷을 만들어 입힌 걸 보고
어머니는 굉장히 재미있어 했습니다.
아이들이 다 커버린 지금도 옷장 속에 고이 간직하고 있는
소중한 물건들입니다.

만나서 반갑습니다

첫 만남을 기억하게 할 특별한 선물

"안녕하세요."
"처음 뵙겠습니다."
"잘 부탁드립니다."

일본인 친구들을 처음 만나면 서로 고개를 몇 번이나 숙이며 이렇게 인사합니다. 처음에 나는 '잘 부탁드립니다'라는 말이 입에 붙지 않아 한동안 고생했습니다. 내가 이 사람에게 무얼 부탁한다는 거지? 부탁할 게 있어서 만나는 것도 아닌데……. 그러던 어느 순간 첫 만남이 좋은 관계로 이어지려면 서로 노력하고 이해해야 한다는 것을 깨달았습니다. 어떤 관계도 노력 없이 저절로 좋아지지는 않지요. 그래서 서로가 서로에게 잘 부탁한다고 첫인사를 하는 게 아닐까 싶습니다.

몇 년 전 친구를 만나러 교토에 간 적이 있습니다. 친구가 친한 후배를 데리고 나왔는데, 그 후배는 만나서 반갑다며 일본의 전통 천으로 만든 작은 접시를 내게 선물로 주었습니다. 처음이라 조금 서먹했는데 그 접시를 두고 액세서리를 보관할 때 쓰면 좋겠다며 이런저런 이야기를 나누다 보니 금세 친해졌습니다. 작은 선물은 이렇게 첫 만남의 순간을 기억하게 해줍니다.

첫 만남을 기억하게 할 만한 선물에는 무엇이 있을까요? 처음부터 비싸고 화려한 것을 선물하면 상대방에게 괜히 부담을 줄 것 같고 그렇다고 빈손으로 가기엔 왠지 허전합니다. 오랜 친구처럼 취향을 아는 것도 아니기에 누구나 좋아하는 것으로, 부담스럽지 않지만 조금 특별한 첫 만남의 선물을 꾸려봤습니다.

향기로운 만남 오래가도록

허브 솔트

로즈메리, 민트, 바질, 타임, 오레가노…….

우리 집 베란다에서 햇볕을 듬뿍 받으며 자라는 녀석들입니다. 그중 로즈메리는 가장 크고 오래된 허브입니다. 키우기가 제일 쉽다는 선인장도 잘 키우지 못하던 내가 처음으로 제대로 키워낸 식물입니다.

그 로즈메리는 몇 년 전 점심을 먹으러 간 식당에서 식목일 기념으로 받은 녀석인데 여전히 내 곁에서 쑥쑥 크고 있습니다. 두부찌개 한 그릇을 먹었을 뿐인데 화분까지 안겨주어 돌아오는 내내 로즈메리 향을 맡으며 무척 행복했던 기억이 납니다. 그 향기를 오래 간직하고 싶어 여기저기 물어보고 책도 찾아 읽으면서 잘 키울 궁리를 하고 매일매일 말도 걸어가며 열심히 키웠습니다.

그 녀석을 보고 있으면 뜻밖의 깜짝 선물로 식물을 키우는 즐거움을 알게 해준 그 식당 주인이 생각나 저절로 마음이 따뜻해집니다. 그 뒤로는 어디서든 꽃집만 보이면 가던 길을 멈추고 한참을 서성거립니다. 꽃집 주인에게 이것저것 물어보고 맘에 드는 화분 하나둘씩 사서 나르다 보니 어느새 집 베란다가 작은 정원이 되었습니다.

첫 만남의 선물로 베란다 정원의 로즈메리와 오래 두어도 변하지 않는 소금을 섞어 허브 솔트를 만들어보았습니다. 향기로운 만남 오래가도록.

허브 솔트 만들기

준비할 재료

생로즈메리 한 줌, 간수가 빠져 뽀송뽀송한 천일염 1/2컵, 통후추 1작은술
(모든 분량은 취향에 따라 조절해도 상관없습니다.)

1. 로즈메리 새순을 손끝으로 톡톡 잘라내 물에 살짝 씻은 후 종이 타월로 두드려 물기를 닦아냅니다. 손으로 잎사귀만 가지에서 훑듯이 떼어냅니다.

2. 통후추는 후추 분쇄기로 갈아놓습니다.

3. 믹서에 소금, 로즈메리 순서대로 먼저 넣어 돌린 후 갈아놓은 후추를 같이 넣고 5초 정도 더 돌리면 완성입니다.

tip_
- 소금은 아무것도 두르지 않은 프라이팬에 볶아 수분을 날린 뒤 식혀 사용하면 더욱 좋습니다.
- 생로즈메리 대신 말린 로즈메리를 써도 괜찮습니다. 말린 로즈메리, 오레가노, 파슬리, 통후추, 마늘 가루를 적당량의 소금과 함께 갈면 더욱 향기로운 허브 솔트가 됩니다.
- 허브 솔트는 올리브유에 섞어 고기나 생선을 재울 때, 스테이크와 튀김의 밑간을 할 때 쓰면 상큼한 풍미를 맛볼 수 있습니다. 노릇하게 구운 삼겹살에 찍어 먹거나 파스타 소스, 샐러드 드레싱에 넣어도 좋습니다.
- 허브 대신 잘 씻은 레몬 껍질을 섞어서 레몬 소금을 만들어도 좋고, 가을에 유자 껍질과 소금만으로 만든 향긋한 유자 소금을 준비해도 좋습니다.

포장하기

준비할 재료

흰색 한지 10×10cm, 컬러 습자지 10×10cm, 라벨용 흰색 광목 5×2cm
가는 끈 30cm, 양면테이프, 검은색 수실 약간, 유성펜

1. 적당한 크기의 병에 허브 솔트를 넣고 병에 붙일 라벨 천을 준비합니다. 천은 흰색 광목이나 리넨이 좋습니다. 병뚜껑이 은색일 경우에는 흰색 광목이, 검은색일 경우에는 리넨이 더 잘 어울립니다.

2. 라벨 천에 검은색 수실로 작은 나뭇가지 모양의 수를 놓고 사방을 홈질합니다. 유성펜으로 이름을 적고 뒷면에 양면테이프를 붙여 병 가운데에 부착합니다.

3. 병 윗부분을 씌울 흰색 한지와 컬러 습자지를 크기에 맞춰 자릅니다. 한지는 접은 선에 살짝 물을 발라 뜯어내듯 손으로 자르면 자연스러운 느낌이 납니다. 병 윗부분을 두 장의 종이가 서로 어긋나게 겹쳐 씌운 뒤 작은 병에 어울리는 가는 끈으로 묶고, 에어 캡이나 과일 포장 그물 스펀지를 사용해 병을 감쌉니다.

4. 무늬가 없는 광목 주머니에 스탬프를 찍어서 멋을 냅니다. 병을 주머니에 세워서 넣고 위에서 질끈 잡아당겨 묶으면 완성입니다.

처음 만나 어색할 때나
이야기를 하다가 화제가 떨어졌을 때
작은 선물 하나면 이야기가 술술 풀립니다.
'이렇게 만들었어요, 이건 이럴 때 쓰면 좋대요,
저는 이렇게 써요'라고 손편지까지 넣어 건네면
더욱 귀한 선물이 됩니다.
특히 맛있는 이야기에는 누구나 할 말이 많습니다.
맛나고 향기로운, 먹는 내내 기억될 선물을
준비해보세요.

자꾸 생각나는 부드러운 맛

밀크티 잼

몇 년 전 고베에 사는 친구가 근처에 맛있는 잼 가게가 생겼다며 사다준 밀크티 잼 맛을 잊을 수가 없습니다. 잼이라고는 과일 잼밖에 몰랐던 터라 무슨 맛일까 기대하며 뚜껑을 열었던 기억이 납니다. 향기로운 홍차와 달콤한 설탕, 부드러운 우유 맛이 잘 어우러져 있었지요. 작은 병에 든 그 잼을 아끼고 아껴가며 먹었습니다.
그 밀크티 잼 맛이 잊히지 않아 혼자 시행착오를 거듭하며 완성한 레시피입니다.

홍차는 밀크티에 잘 어울리는 아쌈Assam, 딤불라Dimbula, 우바Uva가 좋지만 진하게 우러나는 종류라면 어느 것이든 상관없습니다. 베르가모트Bergamot 향이 진한 얼그레이로 만들면 상큼한 향을 풍기는 특별한 얼그레이 잼이 됩니다. 아침잠을 깨우기 위해 진하게 마시는 브렉퍼스트 티나 쉽게 구할 수 있는 노란 포장의 홍차 티백 몇 개를 뜯어서 넣어도 좋습니다.

여러 가지 과일로 만든 과일 잼도 좋지만 부드러운 풍미가 가득한 밀크티 잼을 만들어 선물해보는 건 어떨까요.

밀크티 잼 만들기

준비할 재료

우유 600ml, 설탕 200g,
홍차 20g 또는 홍차 티백 6~8개 (티백 안의 홍차 잎만 따로 모아 사용합니다.)
(200ml 잼 두 병 분량)

우유의 당분을 고려해 설탕은 우유의 1/3 분량만 넣습니다. 홍차의 양은 취향에 따라 늘리거나 줄여도 상관없습니다. 열탕 소독해서 잘 말린 병을 미리 준비하는 것도 잊지 마세요. 먼저 밀크티를 만든 다음 설탕을 넣어 끓이면 밀크티 잼이 됩니다.

맛있는 밀크티 만드는 방법

1. 냄비에 우유를 붓고 중불로 끓입니다. 우유를 끓이는 동안 홍차 잎에 뜨거운 물을 살짝 부어 우유 속에서도 홍차가 잘 우러나도록 뜸을 들입니다. 이것은 맛있는 밀크티를 위해 제일 중요한 과정입니다.

2. 우유가 끓어오르기 직전에 불을 끄고 뜸을 들인 홍차 잎을 우유에 넣어 살짝 저은 후 뚜껑을 덮습니다. 4분 뒤 뚜껑을 열고 한 번 더 살짝 저은 다음 거름망으로 홍차 잎을 걸러냅니다.

밀크티 잼 만드는 방법

1. 잎을 걸러낸 밀크티를 냄비에 붓고 준비한 분량의 설탕을 넣어 잘 녹인 다음 중약불로 계속 끓입니다. 냄비에 설탕이 눌어붙지 않도록 가끔씩 저어줍니다.

2. 밀크티가 끓어 넘치지 않게 불을 조절하고 약간 걸쭉해진 상태에서 양이 1/2로 줄어들면 바로 불을 끕니다. 식으면 더 굳어버리므로 너무 졸이지 않도록 주의합니다. 중약불에서 30분 정도 졸이면 알맞은 농도가 나옵니다.

3. 뜨거운 상태에서 준비한 병에 바로 담고 뚜껑을 닫아 거꾸로 세워둡니다. 식을 때까지 이렇게 두면 병 속의 공기가 빠져나가 잼을 오래 보관할 수 있습니다.

밀크티 잼은 달지 않은 빵이나 스콘에 곁들이면 아주 맛있습니다. 뜨거운 우유에 한 스푼 넣고 휘휘 저어 마시면 달콤하고 향기로운 밀크티가 됩니다.

포장하기

준비할 재료

×× 사각형 리넨 포장 ××

체크 리넨 16×16cm,
마 끈 35cm, 마스킹테이프,
태그용 종이

×× 원형 레이스 포장 ××

지름 14cm 크기의 원형 리넨,
레이스 끈 45cm,
면 끈 35cm, 투명 매니큐어

병뚜껑에 한지나 도일리 페이퍼 또는 천을 씌워 끈으로 묶으면 간단하면서도 예쁘게 포장할 수 있습니다. 이때 밋밋한 병에 옷을 입혀주듯 내용물과 잘 어울리는 소재와 무늬를 선택합니다. 여기서는 컵 받침으로도 쓸 수 있는 사각형과 원형 포장으로 만들었습니다.

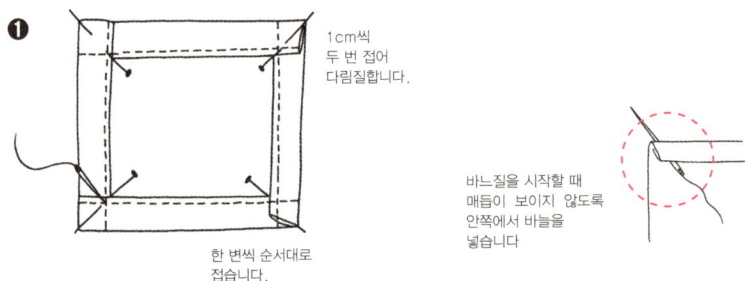

사각형 리넨 포장

1. 준비한 천의 네 변을 1cm씩 두 번 접어 다림질한 후 시침핀으로 고정합니다. 모서리 부분이 직각이 되도록 주의하면서 접은 부분을 홈질합니다.

가운데를 잘 맞춰 병에 씌우고 어울리는 끈으로 묶습니다. 태그에 마스킹테이프를 붙여 끈에 달면 더욱 멋스럽습니다.

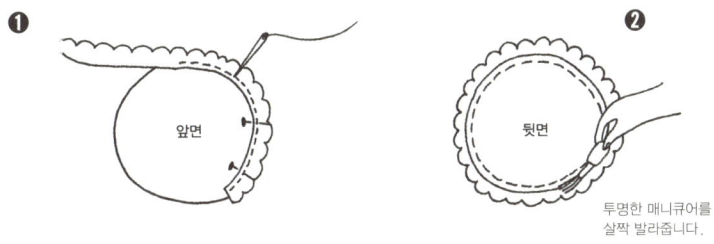

원형 레이스 포장

1. 원형으로 자른 리넨 천의 바깥에서 7mm 되는 곳에 레이스를 대고 시침핀을 꽂은 후 빙 둘러 홈질합니다.

2. 홈질이 끝난 후 천의 올이 풀리지 않도록 리넨 천 끝부분을 투명한 매니큐어로 살짝 발라서 말립니다.

천을 씌운 병을 예쁜 포장지나 과일 포장 그물 스펀지로 감싼 후 투명한 비닐 봉투에 넣고 다시 한 번 묶으면 완성입니다. 작지만 정성은 가득한 선물이지요.

누구나 실패하지 않고 맛있게

과일 잼

딸기를 보면 떠오르는 기억이 하나 있습니다. 어렸을 때 입이 짧았던 오빠가 유일하게 좋아하는 것이 딸기였습니다. 어느 날 밤 아빠가 사온 딸기를 보고 아침에 꼭 먹어야지 하면서 잠이 들었는데, 다음 날 일어나보니 오빠가 다 먹어버려 하나도 남아 있지 않았습니다. 억울한 마음에 빈 딸기 상자를 보며 얼마나 울었는지. 지금 생각하면 별것 아니지만 그때는 그게 무척 서운했나 봅니다.

아이를 갖고 입덧을 할 때 유독 딸기만 찾았습니다. 그래서인지 딸기 철이 오면 늘 냉장고에 딸기를 채워 놓습니다. 제철에 나온 싱싱한 딸기를 흐르는 물에 여러 번 씻어 잼으로 만들면 딸기씨가 꼭꼭 씹히는 게 더욱 맛있습니다. 어느 해 여름에는 귀한 애플망고를 선물로 받았는데 너무 빨리 익는 바람에 껍질을 벗겨 한입 크기로 잘라 얼렸다가 사과와 섞어 잼을 만들어 맛있게 먹었습니다.

과일 잼은 제철 과일이 많이 나올 때 만들어 작은 병에 담아놓으면 두고두고 선물하기에 좋습니다. 맛있는 과일과 좋은 설탕, 레몬즙 약간만 있으면 누구나 실패하지 않고 맛있게 만들 수 있습니다. 이처럼 계절을 기념하며 만든 과일 잼은 첫 만남의 자리에서도 건넬 수 있는 부담 없는 선물입니다.

과일 잼 만들기

준비할 재료

제철 과일 600g, 설탕 300g, 레몬즙 3큰술

1. 씻어서 물기를 뺀 과일을 냄비에 넣고 분량의 설탕을 뿌려 살살 섞은 뒤 두 시간 정도 상온에 둡니다. 과일에서 수분이 빠져나오고 설탕이 어느 정도 녹아들면 중불로 끓이기 시작합니다.

2. 잼이 끓어오르면 위에 뜬 불순물을 걷어내고 1/3 정도 줄어들었을 때 레몬즙을 넣고 더 졸입니다. 냄비에 눌어붙지 않도록 저어주면서 잼이 반 정도 줄어들면 불을 끕니다. 식으면 더 굳어지므로 너무 걸쭉해지지 않도록 주의합니다.

3. 열탕 소독한 병에 바로 담고 뚜껑을 덮어 식을 때까지 거꾸로 세워놓습니다.

단맛이 덜한 잼을 만들 때는 설탕 양을 과일 무게의 1/3 정도로 줄입니다. 이 경우 냉장 보관 후 한 달 이내에 먹어야 좋습니다.

포장하기

준비할 재료

광목 1.5×15cm, 과일 포장 그물 스펀지, 유산지, 면 끈 20cm, 양면테이프,
유성펜, 허브 가지, 투명한 비닐 봉투

1. 광목에 잼 이름과 만든 날짜를 유성펜으로 적고 양면테이프로 천의 양 끝을 병에 붙입니다.

2. 과일 포장 그물 스펀지로 병을 감싸고 병 위에 로즈메리 가지를 끼워 넣습니다.

3. 유산지로 병을 다시 감쌉니다. 유산지 아래를 풀이나 테이프로 고정시키고 윗부분은 잘 모아 끈으로 예쁘게 묶은 뒤 비닐 봉투에 넣고 드라이플라워를 넣어 포장하면 완성입니다.

드라이플라워 대신 민트 잎을 넣으면 포장을 열었을 때 깜짝 놀랄 정도로 상큼한 향이 퍼져 받는 사람이 더욱더 기뻐합니다.

작지만 오래 기억에 남는 선물

향주머니

바느질 교실이나 아이들 학교에서 사귄 친구들이 몇 년간의 한국 생활을 끝내고 돌아갈 때 감사 카드와 함께 이별의 선물을 건넵니다. 계절별 홍차, 예쁜 행주, 귀여운 수세미, 입욕제, 향주머니 등 작지만 부담스럽지 않고 오래 기억에 남는 선물이 대부분입니다. 그중에서도 은은한 향을 내는 향주머니는 옷장뿐 아니라 현관, 목욕탕, 신발장 그리고 서랍 속에 두면 좋습니다. 여러 개 가지고 있으면 다양하게 쓸 수 있어서 실용적이기도 합니다.

옷장 속에 넣어두면 방향 효과가 있는 허브는 라벤더, 페퍼민트, 레몬그라스, 티트리, 제라늄, 유칼립투스 등입니다. 향이 약해지면 속을 꺼낸 뒤 말린 허브와 에센셜 오일을 몇 방울 떨어뜨린 솜을 넣고 다시 묶으면 됩니다.

신기하게 향주머니는 몇 년이 지나도 누구한테 받았는지 기억이 납니다. 그래서 향주머니는 첫 만남의 선물로도, 헤어질 때의 선물로도 좋습니다.

리넨에 흰색 실로 자수를 놓아 정사각형으로 만들거나 동그랗게 자른 천 한가운데에 속을 넣고 끈으로 묶기만 해도 옹기종기 귀여운 향주머니가 됩니다. 하나보다는 두 개씩 짝을 지어 닮은 꼴을 선물하면 더 좋습니다. 잘 어울리는 두 개의 향주머니와 같은 관계가 되길 바라는 마음을 담으면 더 좋겠지요.

레이스 덧댄 향주머니 만들기

준비할 재료

말린 허브 적당량, 에센셜 오일 20~30 방울, 베이킹소다 50g, 티백 주머니
리넨 17×6cm, 광목 17×7cm, 레이스 17cm, 끈 10cm, 단추

티백 주머니에 에센셜 오일을 떨어뜨린 말린 허브와 베이킹 소다를 넣어 향주머니 속 재료를 준비합니다. 말린 라벤더에는 라벤더 오일을, 페퍼민트에는 페퍼민트 오일을 준비합니다. 말린 허브 없이 에센셜 오일과 베이킹 소다만으로도 충분히 만들 수 있습니다.

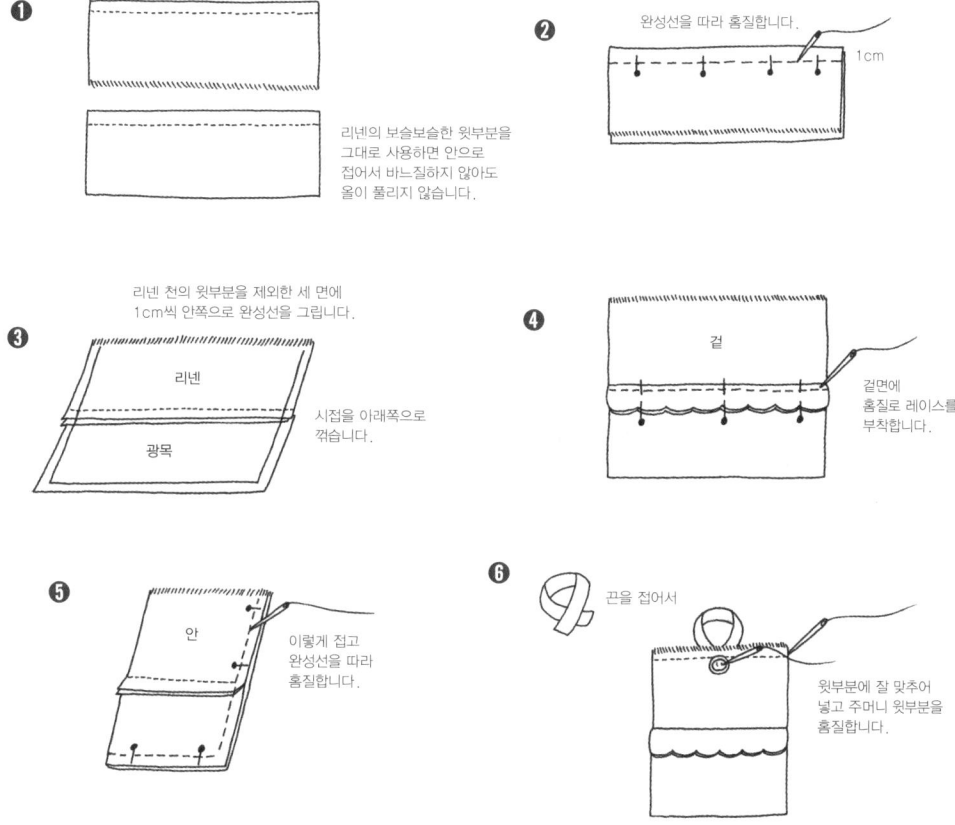

1. 준비한 두 장의 천을 그림과 같이 순서대로 놓고 위에서 1cm 내려온 곳에 완성선을 긋습니다.

2. 두 장의 천을 겉끼리 마주 대고 시침핀으로 고정한 다음 완성선을 따라 홈질하여 두 장을 잇습니다.

3. 시접을 아래쪽으로 꺾은 후 윗부분을 제외한 세 면의 1cm 안쪽에 완성선을 표시합니다.

4. 천의 겉면을 위에 놓고 이은 부분에 레이스를 댄 뒤 시침핀으로 고정한 다음 홈질로 레이스를 부착합니다.

5. 겉끼리 맞닿도록 반으로 접어 시침핀으로 고정한 후 완성선을 따라 홈질합니다.

6. 천을 겉으로 뒤집어 미리 준비해둔 티백 주머니를 넣고 그림과 같이 끈을 접어 향주머니의 윗부분에 잘 맞추어 넣은 후 주머니 윗부분을 홈질로 막으면서 끈도 같이 고정시킵니다. 가운데에 잘 어울리는 나무 단추를 달면 완성입니다.

포장하기

준비할 재료

색도화지 20×30cm, 마스킹테이프, 드라이플라워, 스티커, 풀

1. 색도화지를 준비해 사진과 같이 자른 다음 봉투의 밑부분을 풀로 붙입니다.

2. 앞면에 마스킹테이프를 붙이고 윗부분에 드라이플라워를 스티커로 붙입니다.

3. 향이 날아가지 않도록 비닐 봉투에 넣은 향주머니를 종이봉투에 넣고 윗부분을 테이프로 붙이면 완성입니다.

작은 선물이니 포장은 과하지 않게 하고 종이봉투에 살짝 포인트를 줍니다.
색도화지 대신 한지에 스탬프를 찍어 장식하거나 크라프트지 봉투에 마스킹테이프와 어울리는 리본을 묶어도 멋스럽습니다. 색도화지로 만든 봉투에 향주머니를 넣고 한지를 띠처럼 두른 후 어울리는 끈으로 둘둘 묶으면 얌전한 포장이 됩니다. 질이 좋은 흰색 한지를 접어 빨간 실로 묶어도 예쁩니다.

집된장, 고구마
그리고 손편지

일 년에 한두 번씩, 거의 10년 동안 빠짐없이 선물을 보내오는 후배가 있습니다. 귀농한 친구가 만들었다는 수제 비누, 기부를 위한 저금통, 주말 농장에서 수확한 커다랗고 예쁜 호박과 고구마, 일본의 시골 집된장 등을 정성 가득한 손편지와 함께 보내옵니다.

오랜 시간 숙성시킨 수제 비누는 모양도 예쁘고 향기도 은은해 씻을 때마다 기분이 좋아집니다. 기부를 위한 저금통을 받고 나서는 아이들과 기부에 관한 이야기를 나눴습니다.

가을이 끝나갈 무렵 도착한 커다랗고 무거운 상자 안에는 그림책에 나올 법한 호박과 커다란 고구마가 들어 있었습니다. 처음으로 주말 농장을 시작했는데 모든 게 놀랍고 신기하다는 얘기와 제일 예쁜 수확물을 보낸다는 내용이 담긴 긴 손편지도 함께였지요.

생각지도 않던 선물 덕분에 그해 겨울을 풍성하게 보냈습니다. 고구마는 한 번에 먹기 아까워 군고구마, 맛탕, 스위트포테이토 등 온갖 종류의 요리를 만들어 먹었습니다. 지금까지 먹어본 고구마 중에서 제일 맛있는 고구마였던 것 같습니다. 이런 게 진짜 밭에서 열렸나 싶을 정도로 신기하게 생긴 호박은 그해 겨울이 가도록 집 안에서 가장 잘 보이는 곳에 두고 바느질하러 오는 친구들에게 매일 자랑했습니다. 핼러윈에는 호박 모양의 바늘 방석을 만들어 그 호박 주위에 늘어놓고 맘껏 기분을 내기도 했습니다. 보기만 해도 기분이 좋아졌던 그 호박은 겨울의 끝 무렵에야 새알심 넣은 호박죽으로 변신해 또 한 번 맛있는 즐거움을 선사했습니다.

올해 그 후배에게 받은 선물은 일본의 시골 집된장입니다. 야마구치 현의 깊은 산골 마을 할머니들이 만든 된장인데 먹다 보니 우리 가족이 생각났다는 엽서와 함께였습니다. 귀한 된장을 받자마자 냉장고에 있는 야채와 두부를 넣고 미소시루를 끓였습니다. 이제껏 먹어본 일본 된장과는 비교가 안 될 만큼 담백하고 깊은 맛이었지요. 혼자만 그 맛을 즐길 수 없어서 지인들과 조금씩 나누었더니 맛있어서 밥 한 그릇을 뚝딱 비웠다는 인사를 금세 받았습니다. 맛있는 된장 릴레이입니다.

작은 선물이지만 맛있는 걸 보니 내 생각이 났고, 수확의 기쁨과 신기함을 함께 나누고 싶어서 보낸다는 이야기가 담긴 소박한 손편지는 감동을 더해줍다. 지금도 후배가 보낸 손편지를 꺼내 읽으면 그때의 즐거운 기억과 맛있는 순간이 되살아납니다.

고마운 후배에게 보내줄 선물을 만들며 혼자 가만히 웃습니다.

밥은 꼭 챙겨먹어

받으면 마음이 든든해지는 선물

처음 일본에 갔을 때 한동안은 매주 카페에서 일본어 선생을 만나 두세 시간씩 읽고 쓰고 말하는 연습을 했습니다. 주로 일주일 동안 있었던 일을 이야기하거나 일기를 쓰는 수업이었습니다.

일본어 선생은 일부러 오차노미즈, 신주쿠, 기치조지, 아오야마, 메구로에 있는 예쁘고 멋진 카페에서 수업을 했고 내가 도쿄 생활에 빨리 적응할 수 있도록 이곳저곳을 안내해주었습니다. 덕분에 일본어 공부에 재미를 붙여 나름대로 열심히 했지만, 생각보다 말이 술술 나오지 않았습니다.

그런데 첫 아이를 임신하고 유산 위험이 있어 3주 동안 병원에 입원해야 했습니다. 타국에서의 생애 첫 입원이라니, 덜컥 겁이 났습니다. 남편은 출근을 해야 하니 혼자 의사와 간호사의 말에 대답을 해야 했는데 입이 떨어지지 않아 끙끙댔습니다. 의사가 검사를 한 뒤 고개를 갸우뚱하면 무슨 문제가 있나 싶어 사전을 옆에 놓고 의사에게 할 말을 적어가며 열심히 연습했습니다.

아이를 생각하면 말을 잘 못하는 부끄러움쯤이야 아무것도 아니었습니다. 그렇게 병원에서 3주를 보냈더니 일본어가 조금 편해지기 시작했습니다. 그리고 몇 개월 후 드디어 아기를 만났습니다.

밤에 막 태어난 아기와 둘이 병실에 남겨졌는데 그때 뭐라 표현하기 힘든 기분이 들었습니다. 꼬박 하루의 진통 끝에 나온 빨갛고 자그마한 아기를 보면서 엄마가 생각나 눈물도 나고 괜히 마음이 벅차올랐습니다. "아가야, 내가 네 엄마야. 태어나줘서 고마워. 엄마가 언제까지나 널 지켜줄게" 하는 말이 저절로 나왔습니다. 지금도 가끔 아기와 둘이 있던 그날 밤이 생각납니다.

어떤 선물이든 그 속에 담긴 건
사랑의 마음이 아닐까 합니다.
그날 아기에게 느꼈던 그 마음처럼
사랑하는 사람들이
늘 건강하고 행복하길 바라는 마음을 담아
선물을 준비합니다.

환절기 필수품

마스크와 마스크 주머니,
허브차

언젠가 심한 목감기에 걸렸을 때, 아이들에게 옮기지 않으려고 집에서도 마스크를 했더니 평소보다 감기가 빨리 나았습니다. 그 뒤로는 감기 기운이 있거나 목이 아프면 외출할 때는 물론 잠자리에 들 때도 마스크를 합니다. 환절기만 되면 기침이 심해지는 딸아이 도시락 가방에 빼놓지 않고 넣는 것도 마스크와 따뜻한 차입니다.

아이의 마스크를 챙겨주다 보니 환절기만 되면 고생하는 친구가 생각났습니다. 잘 지내고 있을까? 따뜻한 차는 잘 챙겨 마시고 있을까? 그 친구를 생각하며 선물을 꾸리기 시작했습니다.
감기 예방에 효과가 있고 목에 좋은 허브차와 꺼내 쓰기 편하도록 포장한 일회용 마스크 한 다발, 마스크를 넣어두는 주머니를 만들어 함께 건네려 합니다. 캐모마일·라벤더·레몬밤을 절묘하게 블렌딩한 허브차는 물론, 이름만 들어도 상큼한 제주의 영귤차, 강렬한 붉은 빛 덕에 기분까지 좋아지는 히비스커스, 몸을 따뜻하게 해주는 생강홍차, 비타민 C가 풍부하게 들어 있는 감잎차나 박하차도 좋습니다. 여행 갔을 때 사둔 차나 백화점, 집 근처 슈퍼에서 쉽게 구할 수 있는 허브차를 함께 넣어도 괜찮습니다.

잠시 마스크를 풀어놓을 때 유용한 마스크 주머니는 거즈로 안감을 대어 만들었습니다.

마스크 주머니 만들기

준비할 재료

겉감용 리넨 34×25cm, 안감용 거즈 34×21cm,
두꺼운 리넨 실, 면 끈 25cm 두 줄

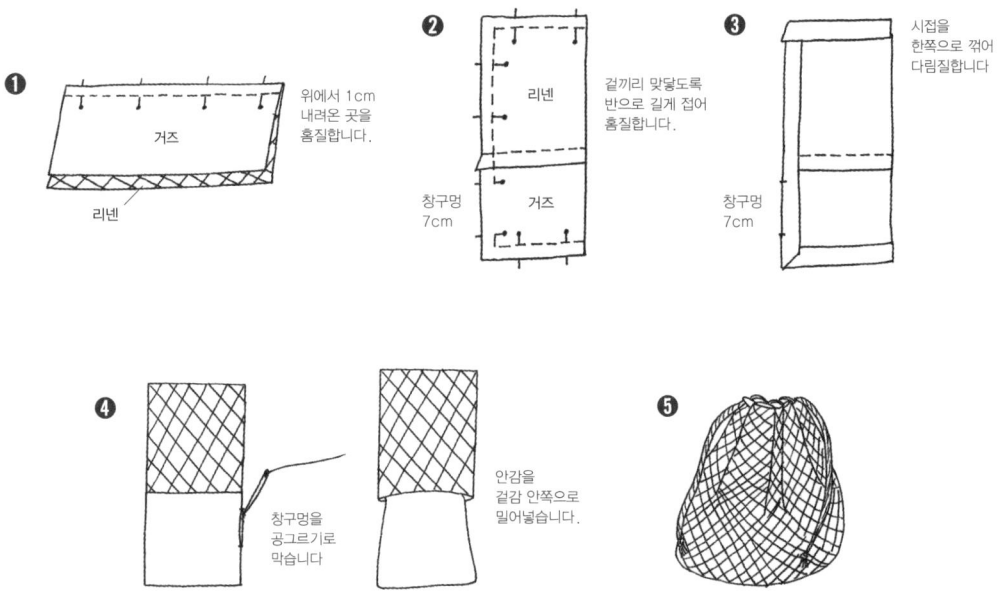

1. 겉감용 천과 안감용 천을 겉끼리 마주 댑니다. 위에서 1cm 아래로 내려온 곳에 완성선을 긋고 시침핀으로 고정한 후 홈질합니다.

2. 시접을 중심으로 천을 펼친 후 겉끼리 맞닿도록 반으로 길게 접어 1cm 안쪽에 선을 긋고 시침핀으로 고정한 다음 완성선을 따라 홈질합니다. 이때 거즈의 한쪽 중간에 창구멍을 7cm 정도 남겨둡니다.

3. 시접을 한쪽으로 꺾어 다림질한 후 창구멍으로 뒤집습니다.

4. 창구멍을 공그르기로 막은 뒤 안감을 겉감 안쪽으로 밀어넣습니다.

5. 주머니 위에 리넨 실로 아치를 만듭니다.

　　:: 아치 만들기 순서 ::

　① 실을 꿴 바늘을 안쪽에서 겉쪽으로 빼냅니다.

　② 1.7mm의 간격을 두고 겉쪽에서 안쪽으로 바늘을 통과시키면 아치가 하나 생깁니다. 만들어진 아치를 적당한 크기로 조절합니다.

　③ 아치 안으로 바늘을 안쪽에서 겉쪽으로 통과시킵니다.

　④ 0.5mm 간격을 두고 바늘을 안쪽에서 겉쪽으로 빼냅니다.

　⑤ 새로 생긴 0.5mm의 아치 안으로 바늘을 겉쪽에서 안쪽으로 통과시킨 후 실을 잡아당기면 아치 한 개가 완성됩니다.

　⑥ 앞의 과정을 반복하면서 아치가 일정한 크기가 되도록 실을 조절합니다.

주머니 위쪽에 아치를 만들어 끈이 교차하도록 통과시키면 주머니를 열거나 닫기가 편합니다. 아치의 개수는 주머니의 크기에 따라 정하되 반드시 짝수여야 합니다. 아치의 크기는 통과시키려는 끈의 굵기에 따라 조절하면 됩니다. 위의 주머니에는 1.7mm 간격으로 18개의 아치를 만들었습니다.

친구가 결혼 전 처음으로 시댁에 인사를 간 날,

할머니가 사시코로 만든 주머니에 끈을 달아 주었다며

내게 보여준 적이 있습니다.

쪽빛 천에 흰색 실로 칠보문(七寶文)을 수놓은 그 주머니는

집안 식구가 될 손주며느리에게 귀한 첫인사 선물로 건넨 것이었습니다.

지금도 친구는 그 주머니를 보물처럼 꼭 지니고 다닙니다.

포장하기

준비할 재료

마 끈, 드라이플라워, 종이봉투, 크라프트지 봉투, 포장지

친구에게 부담 없이 선물하고 싶을 때는 종이봉투에 넣어도 좋습니다.

1. 마스크는 주머니에, 차는 크라프트지 봉투에 넣은 후 예쁜 포장지를 잘라 봉투의 윗부분을 감싸듯이 풀로 붙입니다.

2. 무늬가 예쁜 종이봉투에 ❶을 넣고 입구 쪽을 한 번 접어 마 끈으로 묶습니다.

3. 끈 사이에 드라이플라워를 살짝 끼워 넣으면 완성입니다.

혼자 사는 후배를 위한 밥상

밑반찬, 테이블 매트와
고깔 냄비 장갑

어쩌다 아이들과 남편이 늦으면 혼자 저녁을 먹을 때가 있습니다. '저녁밥 준비하지 않아도 되겠네'라는 즐거움도 잠시, 뭐 먹을까 고민하다가 라면이나 남은 반찬을 대충 그릇에 담아 청소하듯 먹는 것이 고작이었습니다. 하지만 이젠 달라졌지요.
혼자 밥을 먹을 때도 테이블 매트를 깔고 좋아하는 커다란 접시에 반찬을 종류별로 예쁘게 담아 천천히 먹습니다. 그러면 그냥 끼니를 때우는 것이 아니라 온전히 나를 위한 시간을 즐길 수 있습니다.

혼자 밥을 차려 먹기 귀찮을 때는 누군가가 나타나 눈앞에 밥상을 차려주면 얼마나 좋을까 상상하곤 합니다. 몇 년째 혼자 사는 후배는 오죽할까…….
퇴근하고 녹초가 되어 집에 돌아와 밥을 차려 먹어야 하는 후배를 위해 오래 보관해두고 먹을 수 있는 반찬 몇 가지를 준비했습니다. 또 테이블 위에 펼치고 먹을 테이블 매트도 만들었습니다. 여기에 부엌일을 즐겁게 하라고 예쁜 고깔 모양의 냄비 장갑도 세트로 마련했습니다.

혼자 있어도 밥은 꼭 챙겨 먹길.

테이블 매트 만들기

준비할 재료

앞면용 무늬 천 15×30cm(①), 리넨 29×30cm(②), 뒷면용 리넨 42×30cm(③), 흰색 자수실

(완성 사이즈 40×28cm 기준)

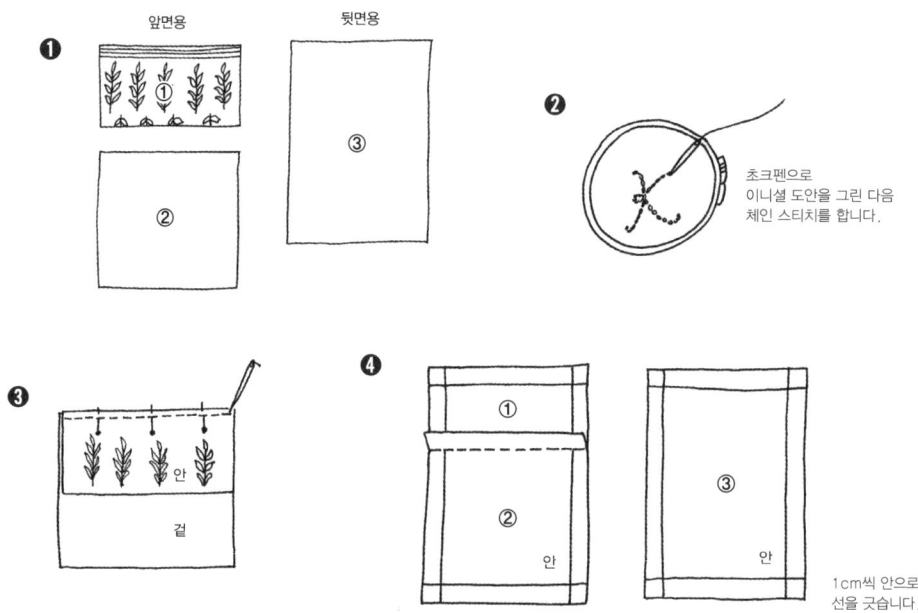

1. 앞면용 천 ①, ②와 뒷면용 천 ③을 준비합니다.

2. 앞면용 ②번에 이니셜을 수놓습니다. 테이블 매트를 세트로 두 개 만들 때는 다른 하나에 허브 가지 등을 수놓아도 좋습니다. [도안 171쪽 참고]

3. ①과 ②를 겉끼리 마주 대고 위에서 1cm 안쪽에 선을 그어 시침핀을 꽂고 홈질로 앞면을 완성합니다.

4. 완성한 앞면과 뒷면용 ③의 네 변에 1cm씩 안으로 완성선을 긋습니다.

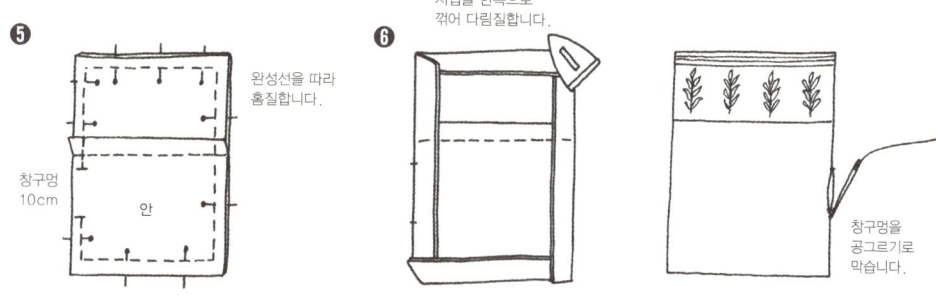

5. 앞면과 뒷면을 겉끼리 맞댄 후 한쪽에 창구멍을 10cm 정도 남기고 완성선을 따라 홈질합니다.

6. 시접을 한쪽으로 잘 꺾어 다림질한 후 창구멍으로 뒤집은 다음 공그르기로 마무리합니다.

고깔 냄비 장갑 만들기

준비할 재료

지름 23cm 반원 모양의 퀼팅 솜 두 장(①, ④), 겉감용 리넨(②),
안감용 무늬 천(③), 고리용 천 4×5cm

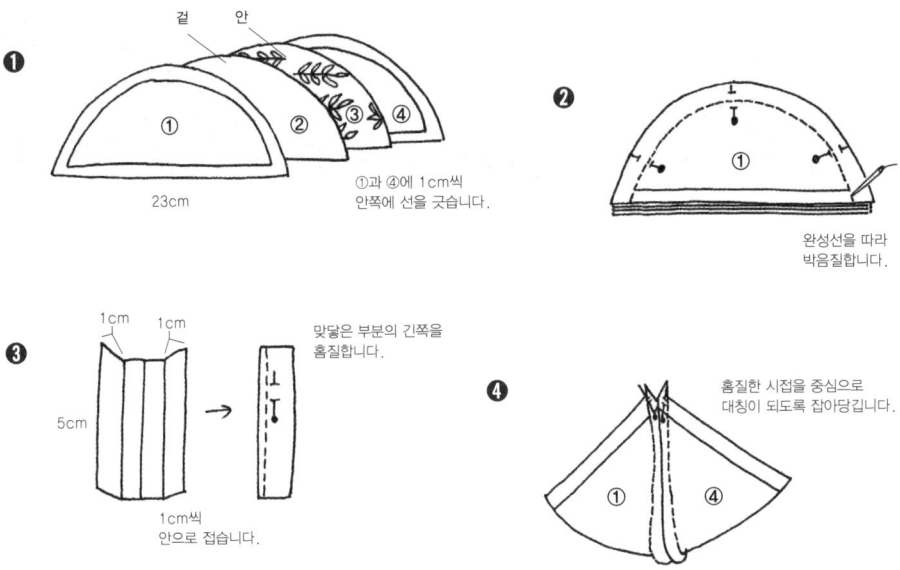

1. ①과 ④에 1cm씩 안쪽에 완성선을 긋습니다. ②와 ③은 겉끼리 맞대고 그림처럼 순서대로 ①~④를 겹쳐놓습니다.

2. 그림처럼 시침핀을 꽂은 후 반원의 밑변을 제외한 곡선 부분을 완성선을 따라 꼼꼼하게 박음질합니다.

3. 고리 부분은 1cm씩 안으로 접은 후 길게 한 번 더 접어 시침핀을 꽂고 맞닿은 부분의 긴 쪽을 홈질합니다.

4. 과정 ❷에서 박음질한 시접을 중심으로 ①과 ④가 대칭이 되도록 양쪽으로 잡아당긴 후 시침핀으로 고정합니다. 이때 ②는 ①의 안으로, ③은 ④의 안으로 오게 됩니다.

5. 만들어놓은 고리를 반으로 접어그림과 같이 ①의 안쪽에 끼워 넣고 시침핀으로 고정합니다. ④의 창구멍을 5cm 정도 남기고 바깥에서 1cm씩 안쪽으로 완성선을 따라 박음질합니다.

6. 창구멍으로 뒤집은 후 공그르기로 막습니다. 안감을 겉감의 안으로 집어넣어 손으로 모양을 다듬으면 완성입니다.

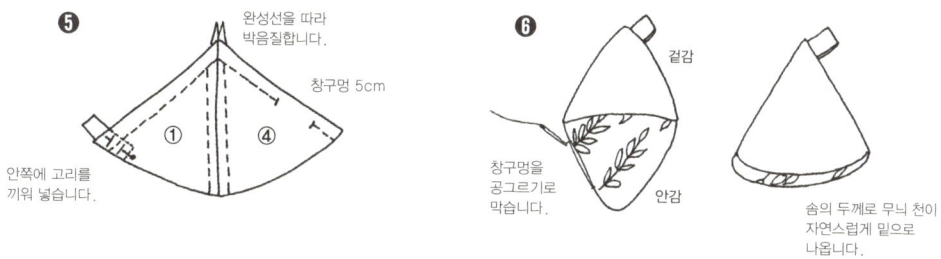

매트와 고깔을 완성했으니 이제 반찬을 준비해야겠지요.

밥 위에 뿌리기만 하면 한 그릇 뚝딱인 후리가케와 식감이 아삭한 연근 초절임 그리고 어머니가 전수해준 우엉 당근 볶음입니다.

아이들이 어렸을 때 자주 만들었던 후리가케는 우리 집에서 '다카시마야의 아침밥'으로 통하는 메뉴입니다. 다카시마야는 어머니를 따라 자주 다녔던 니혼바시의 백화점입니다. 거기서 보내주는 잡지에 〈다카시마의 아침밥〉이라는 레시피 시리즈 연재기사가 있었는데 그걸 따라하며 아이들의 아침밥을 챙겨주곤 했습니다. 그중 밥과 된장국, 쓰케모노(일본식 절임 반찬)가 있는 소박한 아침 밥상은 보기만 해도 침이 꼴깍 넘어갈 정도로 예뻤습니다. 아이들에게 가장 인기 있는 메뉴는 단연 후리가케였지요.
과자처럼 바삭한 후리가케는 멸치와 새우로 만들어 칼슘 섭취를 돕고, 2주 정도는 냉장 보관이 가능하니 혼자 사는 후배에게는 딱입니다. 또 첨가물이 전혀 들어가지 않아 건강에도 좋습니다.

연근 초절임은 아이들 도시락 반찬으로 자주 만든 메뉴입니다. 어렸을 때 코피를 자주 흘린 큰아이를 위해 연근 반찬을 많이 만들었는데, 그중에서도 초절임이 제일이었습니다. 입맛이 없을 때 초절임을 하나 입에 넣으면 아삭하고 상큼한 게 식욕을 돋우는 데도 그만입니다.

어머니에게 배운 우엉 당근 볶음은 내게 달콤 짭짤한 도쿄의 맛입니다. 우엉과 당근을 손질해 채썰기가 조금 번거롭긴 하지만 일단 만들어놓으면 반찬으로 먹거나 김밥 속에 넣기에 좋습니다. 모닝롤 사이에 끼워 먹으면 맛있는 '빵의 반찬'이 됩니다.

후리가케

준비할 재료

매우 잔멸치 1컵, 꼬마 건새우 1/4컵, 통깨 1큰술, 파래 가루 1작은술,
설탕 약간(기호에 따라 넣지 않아도 됩니다.), 간장 1작은술

1. 멸치는 채반에 담아 뜨거운 물을 한두 번 끼얹어 짠맛을 살짝 뺍니다.
2. 중약불로 달군 프라이팬에 멸치를 타지 않게 볶습니다. 이때 기름은 두르지 않습니다.
3. 멸치의 수분이 날아가면 새우를 넣고 같이 볶습니다.
4. 새우 향이 솔솔 날 정도로 바삭하게 볶은 뒤 불을 약하게 줄입니다. 여기에 통깨와 파래 가루, 설탕을 넣어 섞은 뒤 간장을 조금씩 골고루 떨어뜨려 타지 않게 잠깐 볶으면 완성입니다.
5. 넓은 접시에 펼쳐 놓았다가 식은 후 병에 담습니다. 멸치나 새우가 커서 먹기 불편한 경우에는 식은 후 믹서에 살짝 돌립니다.

연근 초절임

준비할 재료

연근 150g, 사과 식초 4큰술(취향에 따라 조절합니다.), 설탕 1큰술, 소금 약간, 간장 약간, 물 3/4컵

1. 연근은 껍질을 벗겨 얇게 자른 한 후 식초 물에 5분 정도 담가두었다가 맹물로 잠깐 헹군 다음 물기를 뺍니다. 연근을 담그는 식초 물은 분량 외에 물 3컵에 식초 1큰술 정도를 섞어 만듭니다.
2. 냄비에 분량의 식초, 설탕, 소금, 간장, 물을 한꺼번에 넣고 끓어오르면 연근을 넣어 센 불에서 1분 정도 끓인 후 불을 끕니다. 아삭한 식감이 남아 있도록 너무 익지 않게 주의합니다.
3. 식은 후 연근이 모두 잠기도록 끓인 식초 물과 함께 병에 담습니다.

우엉 당근 볶음

준비할 재료

우엉 200g, 당근 1개, 페페로치노 1~2개, 설탕 1.5큰술, 간장 2큰술, 참기름, 카놀라유, 통깨

1. 우엉은 껍질을 벗겨 가늘게 채썬 후 물에 잠깐 담가놓습니다. 당근도 잘 씻어 가늘게 채썰기합니다.
2. 참기름과 카놀라유를 2:1의 비율로 두른 프라이팬에 페페로치노를 넣고 약한 불로 가열합니다.
3. 페페로치노의 매운맛이 어느 정도 우러나고 프라이팬이 달궈지면 우엉을 넣고 센 불에서 볶습니다. 우엉이 살짝 익으면 당근을 넣고 같이 볶습니다.
4. 우엉과 당근이 타기 직전까지 볶다가 설탕을 넣고 한 번 섞은 후 간장을 넣습니다. 간장이 재료에 어느 정도 스며들면 불을 끄고 완전히 식은 후 병에 담습니다.

포장하기

준비할 재료

마스킹테이프, 한지, 가는 끈, 바구니, 유산지, 리넨 보자기

1. 병 뚜껑에 마스킹테이프를 붙이고 만든 날짜를 적은 후 동그랗게 자른 한지를 씌운 다음 가는 끈으로 묶습니다.
2. 알맞은 크기의 바구니에 반찬과 매트, 고깔을 넣습니다. 매트는 잘 접어 유산지 등으로 한 번 감쌉니다.
3. 바구니 그대로 건네도 좋고 리넨 보자기로 다시 한 번 싸도 좋습니다.

1. 보자기를 사선으로 펼쳐 놓고 바구니를 가운데 놓습니다.

2. 대칭되는 양쪽 모서리를 각각 가운데 쪽으로 모아서 묶습니다.

3. 매듭을 중심으로 각각 옆에 있는 끈끼리 다시 묶어 리본 모양이 되도록 가다듬으면 완성입니다. 매듭이 양옆으로 두 개가 생기도록 묶는 방법입니다.

후로시키

일본에 있을 때 하루 종일 아이들을 쫓아다니느라 지쳐 버린 저녁 무렵 벨이 울려 나가 보면, 시아버지가 후로시키라는 일본식 보자기에 정성스럽게 싼 어머니의 요리를 내밀었습니다. 지라시스시, 새우튀김, 밑반찬, 싱싱한 회, 제철 맞은 방어 데리야키. 눈물이 날 정도로 고마운 선물이었습니다.

후로시키는 목욕탕을 의미하는 '후로'와 싸는 것이라는 뜻을 지닌 '시키'가 합쳐진 말로 기원은 정확하지 않지만 원래는 귀한 물건을 싸서 보관하는 천이었다가 에도 시대에 대중목욕탕이 유행하면서 목욕 도구를 넣었다가 목욕이 끝난 후 바닥에 깔고 그 위에서 옷을 갈아입는 데 쓰였다고 합니다. 그 뒤로 여행이 유행하면서 짐을 종류별로 작은 후로시키에 싼 후 커다란 후로시키로 봇짐처럼 묶어 어깨에 사선으로 메고 다녔다고 합니다.

요즘에는 물건이나 도시락, 장바구니, 경조사에 건네는 선물을 싸는 용도로 많이 쓰입니다. 디자인도 매우 전통적인 문양부터 현대적인 문양까지 다양합니다. 일본의 기념품 가게마다 후로시키가 빠지지 않고 거의 다 있을 정도로 대중적인 아이템입니다.

후로시키는 한 변의 길이가 45cm부터 230cm까지 크기에 따라 그 쓰임새가 다양합니다. 50cm는 도시락을 포장할 때, 70cm는 선물이나 와인을 싸는 용도로, 90cm는 장바구니 대용으로, 230cm의 대형 후로시키는 이불을 쌀 때 쓰면 잘 맞습니다. 언뜻 정사각형처럼 보이지만 한쪽이 2~5cm 더 긴 직사각형입니다. 한쪽이 조금 길어야 묶을 때 매듭을 예쁘게 만들 수 있어서라고 합니다.

화려하고 전통적인 문양의 후로시키도 멋스럽지만 나는 주로 면이나 리넨으로 후로시키를 만듭니다. 맘에 드는 천을 잘라 시간이 날 때마다 하나씩 둘레를 곱게 말아 접어 바느질합니다. 그러면 선물을 받은 사람이 나중에 유용하게 쓸 수 있습니다.

첫 조카에게 선물하는 포근한 낮잠

이불과 이불 커버

갓 태어난 첫 조카를 병원에서 처음 봤을 때 신기하고 놀랍고 사랑스러워 어쩔 줄 몰랐던 기억이 아직도 생생합니다.

우리 가족을 닮은 첫 아기, 특히 눈과 코가 오빠와 똑 닮아 더더욱 신기했던 아기. 새언니가 혼자 아기를 돌보느라 힘든지도 모르고 그저 아기를 보고 싶은 마음에 철없이 오빠 집을 계속 들락거렸습니다.

보고 와도 또 보고 싶고 무엇을 주어도 아깝지 않은 첫 조카가 새근새근 자는 모습을 보면 세상을 다 얻은 것 같은 느낌이 들었습니다.

바느질 한 땀 한 땀에 아기의 건강과 행복이 영원히 이어지길 바라는 마음을 담아 조각천을 하나씩 이어붙여 이불을 만들었습니다. 아기가 덮는 이불인 만큼 안에는 가벼운 유기농 목화솜을 대었습니다.

결혼할 때 어머니가 장만해준 침구에는 모두 커버가 씌워져 있었는데 그중에서도 이불 커버는 이불의 가운데가 보이도록 뚫려 있었습니다. 이것을 떠올리며 아기 이불을 깨끗하게 보관할 수 있도록 레이스를 단 이불 커버를 만들었습니다. 나중에 아기가 크면 낮잠 이불이나 무릎 담요로도 쓸 수 있겠지요.

이불을 선물할 때는 작은 장난감이나 아기와 엄마가 함께 쓸 수 있는 호호바 오일을 같이 주어도 좋습니다.

아기 이불 만들기

준비할 재료

앞면용 조각 천 22×22cm 20장, 유기농 솜 80×100cm,
뒷면용 흰색 천 82×102cm

(완성 크기 80×100cm 기준)

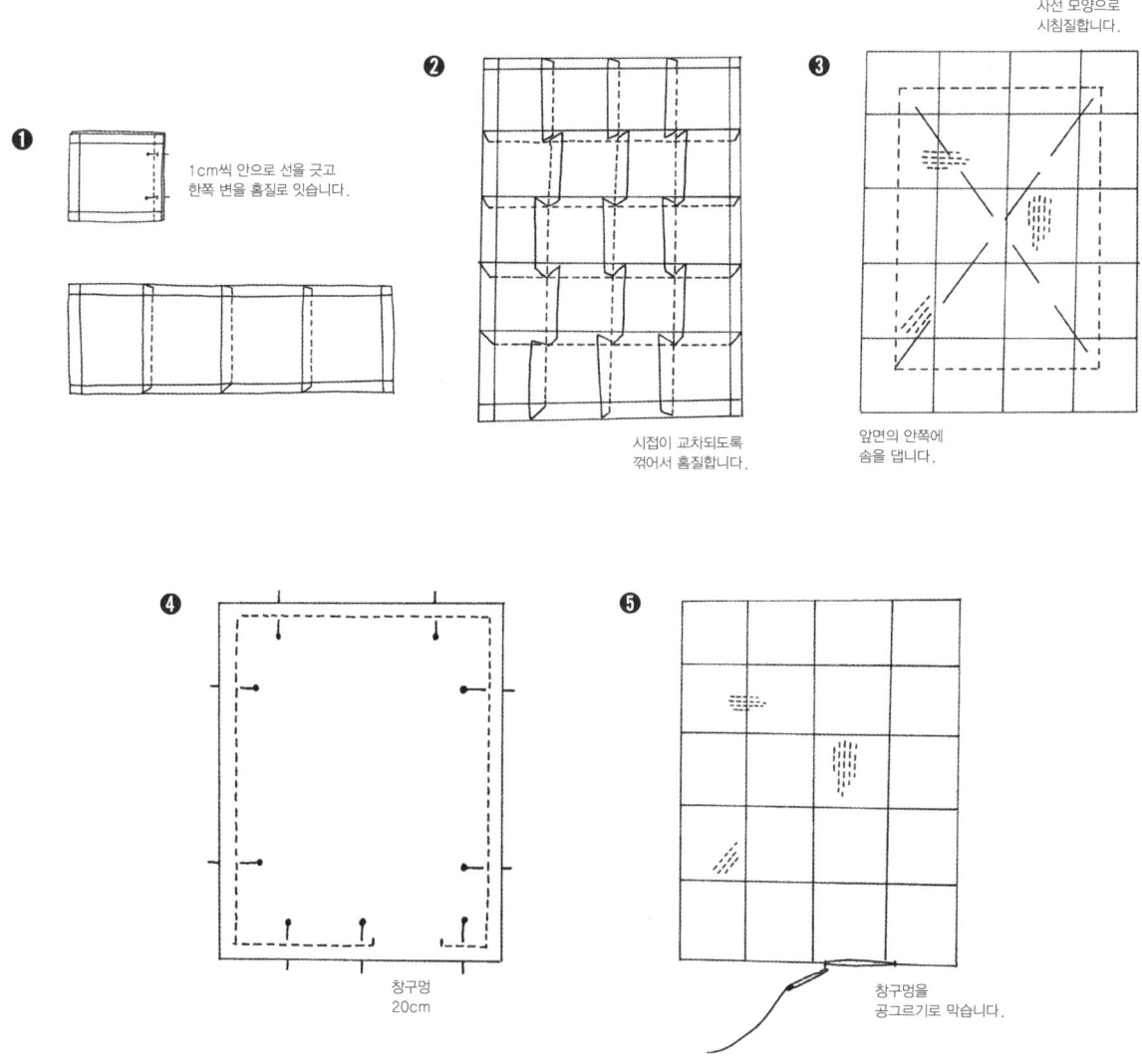

1. 조각 천 20장의 사방에 1cm씩 안으로 완성선을 긋고 겉끼리 마주 댄 다음 시침핀으로 고정한 후 한쪽 변을 홈질로 잇습니다. 이 과정으로 네 장이 한 줄이 되도록 만든 다음 시접을 한쪽으로 꺾습니다.

2. 한 줄씩 이어 붙인 천을 시접이 교차되도록 꺾어서 전부 홈질로 잇습니다.

3. 완성한 앞면을 다림질한 후 안쪽에 솜을 대고 시침핀으로 고정합니다. 그런 다음 겉감 중앙에서 시작해 사선 모양으로 시침질한 뒤 세 곳 정도 자유롭게 수를 놓습니다. 자수는 장식 효과는 물론 솜을 겉감에 고정시키는 역할도 합니다.

4. 앞면용 천과 뒷면용 천을 겉끼리 마주 대고 네 변의 1cm씩 안쪽에 완성선을 그은 뒤, 한쪽에 창구멍을 20cm 정도 남기고 홈질합니다.

5. 시접을 겉쪽으로 꺾어 다림질한 다음 창구멍으로 뒤집습니다. 모양을 잘 정돈하고 창구멍을 공그르기로 마무리합니다.

이불 커버 만들기

준비할 재료

흰색 천 84×104cm 두 장, 레이스테이프 175cm

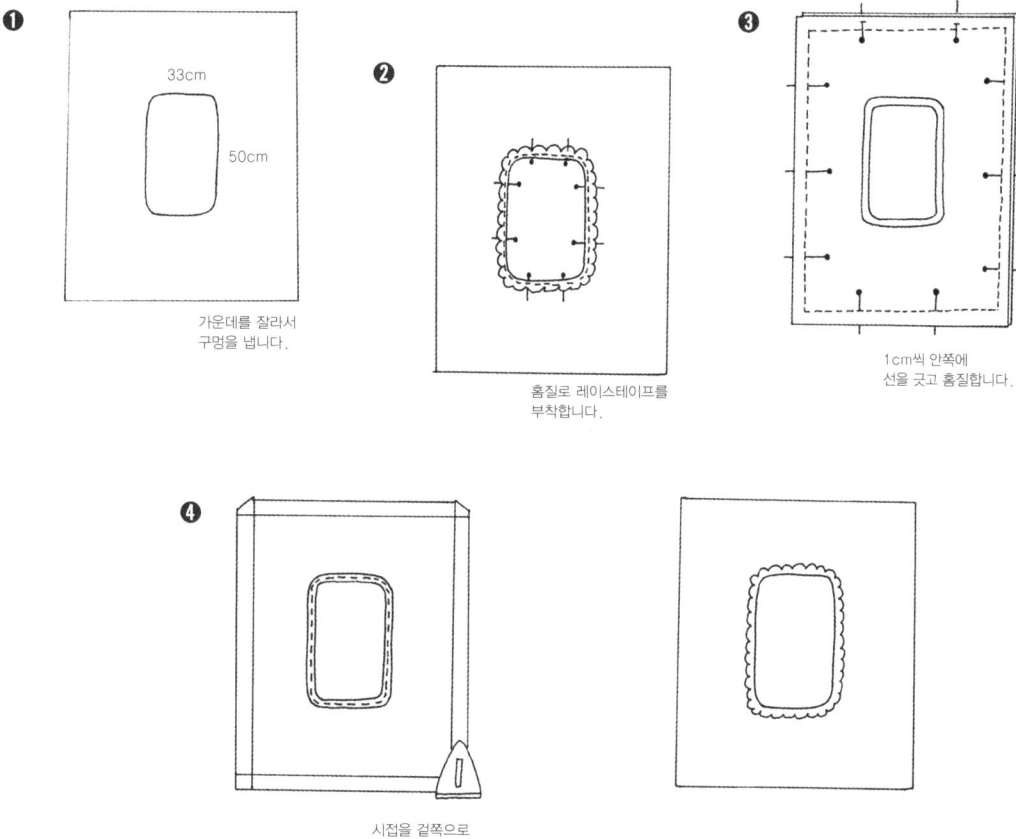

1. 한 장의 천 겉면에 33×50cm의 크기로 가운데를 잘라냅니다. 모서리 부분은 둥글게 합니다.

2. 잘라낸 선에 레이스테이프를 대고 시침핀으로 고정한 다음 홈질로 레이스테이프를 부착합니다. 모서리 부분은 자연스럽게 주름이 생기도록 조금씩 잡아당기며 바느질합니다.

3. 레이스테이프를 단 앞면용 천과 뒷면용 천을 겉끼리 마주 댄 다음 네 변의 1cm씩 안쪽에 완성선을 긋고 시침핀을 꽂은 후 꼼꼼히 홈질합니다.

4. 홈질이 끝나면 시접을 겉쪽으로 꺾어 다림질한 후 레이스테이프를 단 구멍으로 뒤집습니다.

당신을 지켜드릴게요

복숭아씨 모빌

가끔 날씨가 좋은 오후에는 딸아이와 집 앞 공원과 박물관을 산책 삼아 천천히 둘러봅니다. 언젠가 잠시 들른 박물관에서는 도교 문화를 알리는 전시를 하고 있었습니다. '행복으로 가는 길'이라는 부제를 보고 딸아이와 함께 "행복 찾아 가볼까?"하며 전시실로 간 기억이 납니다.

무병장수와 평안, 복을 바라는 옛사람들의 열망이 고스란히 담겨 있는 전시였습니다. 그 중에서도 복을 부르고 나쁜 기운을 막기 위해 부적처럼 쓰인 복숭아씨, 복숭아 모양의 연적, 복숭아 나무 그림이 인상적이었습니다. 몇 백 년이 흐른 지금까지도 그대로 남아 있는 복숭아씨를 보니 행복을 바라는 옛사람들의 마음이 그대로 전해지는 듯했습니다.

그 전시를 보고 와서 문득 떠올라 만든 것이 복숭아씨 모빌입니다. 규방 공예 중에 아기 삼각뿔 베개 만들기가 있습니다. 베개 양 끝에 세 개의 삼각뿔이 솟아 나오도록 만드는 이 베개에는 아기에게 나쁜 기운이 오지 않도록 뾰족한 뿔로 막으려는 의미가 담겨 있습니다.

복숭아씨를 예쁜 천에 넣고 삼각뿔 모양으로 만들어 길게 이어 창가에 걸었습니다. 왠지 나쁜 일을 다 막아줄 것 같은 기분이 들었습니다. 그 뒤로 가족 모임이 있을 때나 지인들을 만날 때, 복숭아씨 모빌을 만들어 하나씩 선물하곤 합니다. "차에 달고 다니면 안전하게 지켜줄거야"라고 하면서요.

때로는 별것 아닌 작고 예쁜 소품이 마음을 편안하게 해주기도 합니다. 복숭아씨 모빌은 사랑하는 사람을 늘 지켜주고 싶은 마음을 담아 만든 선물입니다.

복숭아씨 모빌 만들기

준비할 재료

무늬 천 13.5×6.5cm, 잘 말린 복숭아씨 또는 복숭아차 티백,
거즈 천 8×8cm, 가는 매듭끈 32cm, 장식용 비즈

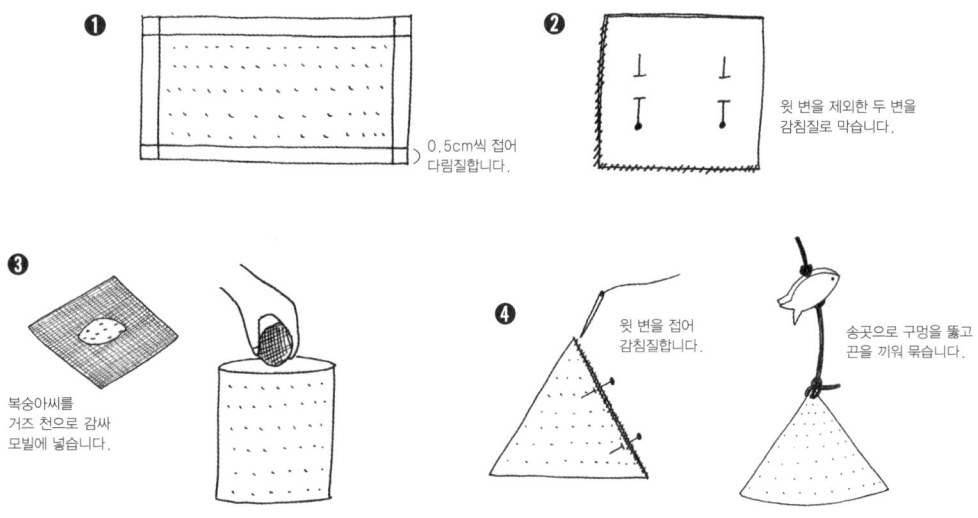

1. 네 변을 안으로 0.5cm씩 접어 다림질합니다.

2. 다림질한 천을 그림과 같이 반으로 접어 시침핀으로 고정한 후 윗 변을 제외한 두 변을 감침질해 사각 봉투 모양을 만듭니다.

3. 복숭아씨를 거즈 천으로 감싸 모빌 안에 넣습니다.

4. 남은 윗 변을 안끼리 맞닿도록 반으로 접어 삼각뿔 모양이 되게 한 뒤 감침질합니다. 송곳으로 한쪽 모서리에 구멍을 뚫은 뒤 가는 끈을 끼워 넣고 두 번 묶어 끈을 고정시킵니다. 적당한 곳에 비즈를 끼워 매듭을 지으면 완성입니다.

모빌에는 자잘한 무늬의 빳빳한 천이 잘 어울립니다. 부드러운 천은 다림질용 풀을 먹여 천을 빳빳하게 만드는 것이 좋습니다. 적당한 천이 없으면 작은 조각 천을 몇 개 이어 만들어도 색다른 멋이 납니다.

포장하기

적당한 크기의 철제 상자에 유산지를 깔고 이것저것 담아 크라프트지로 포장한 후 예쁜 끈으로 묶습니다. 종이 상자보다는 철제 상자, 나무 상자, 작은 사각 바구니 등 차 안에 두고 쓸 수 있도록 조금 튼튼한 소재의 상자가 좋습니다.

모빌만 선물할 경우 유산지로 삼각뿔 모양의 봉투를 만들어 작은 레이스 장식이나 태그를 나무집게로 집어 포장해도 귀엽습니다. 또는 운전할 때 졸음을 쫓아주는 초콜릿이나 사탕, 껌 같은 것을 작은 상자에 넣어 같이 선물하는 것도 좋습니다.

바느질 교실에 오던 친구가
일본으로 돌아가면서 준 선물입니다.
예전에 이웃 할머니에게 배운 것이라며 작은 조개껍질에
일본의 전통 천을 붙여 만든 인형입니다.
볼수록 귀엽고 기분이 좋아져 매년 3월 히나마츠리° 계절이 되면,
집에서 제일 잘 보이는 곳에 꺼내놓고 가만히 보곤 합니다.
인사동에서 샀다는 한복 모양의 접시에 담아준 이 선물은
한국과 일본의 전통이 어우러져
더욱 의미가 깊습니다.

○ 히나마츠리_ 여자 아이들이 건강하게 성장하길 빌며
인형을 장식하고 맛있는 음식을 먹는 축제

결혼 축하해

티 코지와 이니셜 컵 받침
그리고 웨딩 티

친한 친구가 결혼한다는 소식을 들었을 때, 기쁘고 설레고 축하하는 마음을 어떻게 전해야 할지……. 축의금이나 친구들과 같이하는 선물만으로는 왠지 허전하고 아쉽습니다.

그래서 햇살 가득한 휴일 아침 행복한 티타임에 쓰라고 하나하나 비즈를 달아 정성을 다한 티 코지와 이니셜을 수놓은 컵 받침, 웨딩 티를 준비해봅니다. 티 코지는 차가 우러나는 동안 티 포트에 씌워둡니다. 이렇게 하면 차의 온도를 유지할 수 있고 보다 맛있게 차를 즐길 수 있습니다.

웨딩 티는 브라이덜 샤워를 할 때 마시거나 결혼식 하객에게 답례품으로 주기도 하는 차입니다. 보기만 해도 행복해지는 웨딩 티로는 꽃잎 가득한 루피시아Lupicia의 '웨딩', 상큼한 블루베리가 들어 있는 카렐Karel의 '베리 해피', 달콤한 향이 나는 마리아주 프레르Mariage Freres의 '웨딩 임페리얼'이 있습니다.

웨딩 티라는 이름이 붙지 않은 차 중에서도 웨딩에 어울리는 차가 있습니다. 이름도 사랑스러운 제주의 '달빛 걷기'라는 차입니다. 달빛처럼 은은한 배 향에 작은 별 같은 별사탕이 들어 있어 향기롭고 달콤한 결혼에 딱 어울리는 차입니다. '떠나요 둘이서……'로 시작하는 노래의 한 구절이 입에서 저절로 맴돌게 하는 홍차입니다.

화사한 꽃, 바닐라, 블루베리, 캐러멜, 초콜릿, 별사탕……. 향기롭고 달콤한 웨딩 티를 마시며 서로 오래도록 사랑하기를 바라면서 선물을 준비해봅니다.

티 코지 만들기

준비할 재료

겉감용 리넨, 안감용 무늬 천 31×23cm 두 장씩, 퀼트용 접착 솜 두 장,
고리용 리넨 7×9cm, 이니셜 태그용 리넨 2×4cm, 티백 모양용 천 5.3×7cm,
검은색과 은색의 비즈 적당량, 검은색 수실

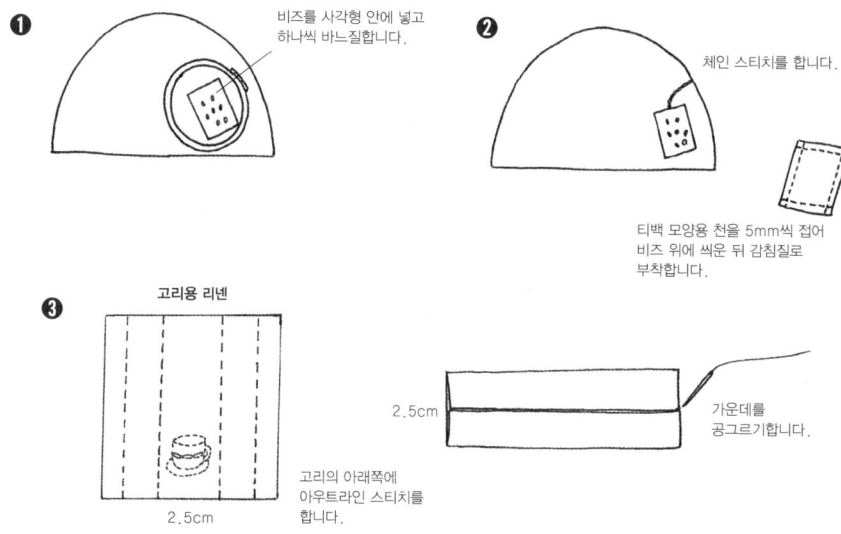

1. 겉감용 천 한 장 오른쪽 하단에 4.3×6cm 크기의 사각형을 그린 다음, 사각형이 들어가도록 수틀을 끼웁니다. 비즈를 사각형 안에 넣고 하나씩 바느질합니다. 겉감용 천과 안감용 천은 도안 사이즈보다 1cm씩 크게 재단합니다. 접착 솜은 도안과 같은 사이즈로 재단합니다. [도안 173쪽 참고]

2. 티백 모양용 천을 사방 5mm씩 접어 4.3×6cm 크기로 만든 뒤, 비즈 위에 씌워 감침질로 부착합니다. 티백의 끈 부분은 체인 스티치를 합니다. 티백 부분에 사용한 천은 생명주(생사로 짠 명주)인데 따로 구하기 힘들면 얇게 비치는 망사 천을 써도 괜찮습니다.

3. 고리용 리넨의 가운데 하단에 찻잔 모양의 수를 놓은 다음 그림과 같이 2.5cm 폭이 되도록 양쪽에서 접어 가운데를 공그르기합니다.

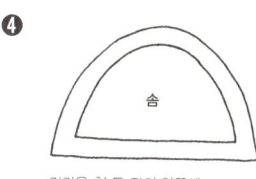
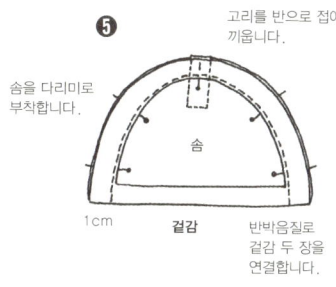

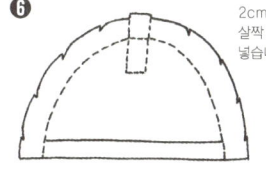

4. 겉감용 천 각각의 안쪽에 퀼트용 접착 솜을 다리미로 부착한 다음, 티백 부분의 테두리를 검은 수실 한 올로 아우트라인 스티치를 합니다.

5. 겉감용 천 두 장을 겉끼리 마주 대고 맨 위 가운데에 고리를 반으로 접어 끼운 뒤, 둥근 부분을 반박음질합니다. 안감용 천도 겉끼리 마주 대고 한쪽에 창구멍을 10cm 정도 남기고 시접 1cm 안쪽으로 반박음질합니다.

6. 바느질이 끝난 겉감과 안감의 곡선 부분에 2cm 정도 간격으로 살짝 가위집을 넣습니다. 가위집을 넣으면 뒤집었을 때 곡선이 예쁘게 나옵니다. 이때 겉감만 뒤집어 모양을 가다듬어 놓습니다.

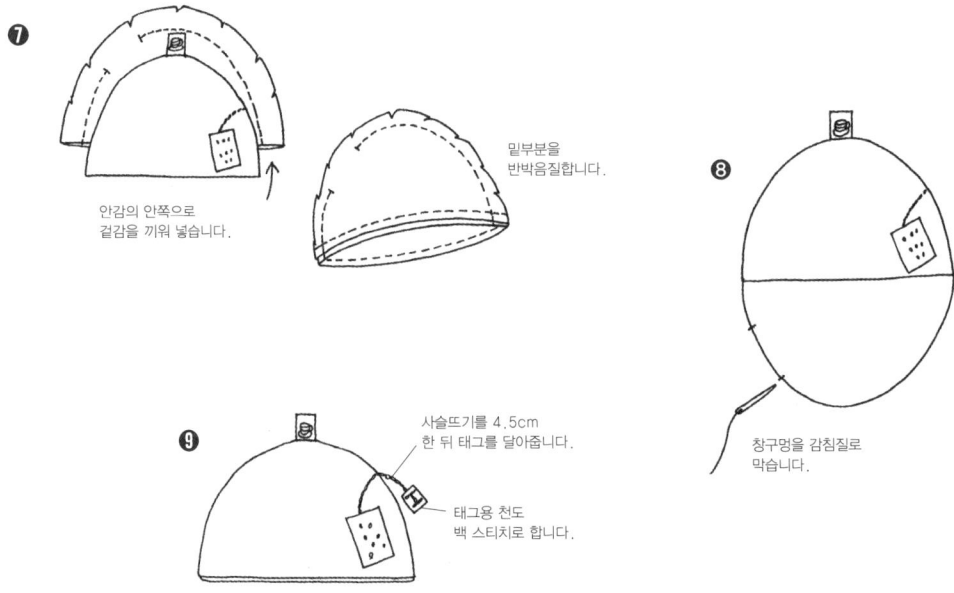

7. 안감의 안쪽으로 겉감을 끼워 넣은 다음 밑부분을 반박음질합니다.

8. 안감 쪽의 창구멍으로 뒤집은 후 창구멍을 감침질로 막고 겉감 안쪽으로 안감을 밀어 넣습니다.

9. 티백 태그용 천은 반으로 접어 이니셜을 백 스티치로 한 다음, 티 코지의 티백 끈이 끝나는 부분부터 시작해 검은 수실 세 겹으로 사슬뜨기를 4.5cm 길이로 한 뒤 태그를 달아줍니다.

컵 받침은 앞면은 질감이 다른 리넨 천을 이어서 만들고, 뒷면은 흰색 자수실로 이니셜을 수놓아 번갈아가며 쓸 수 있도록 만듭니다.

안감은 따뜻한 질감의 천을 쓰는 것이 더 좋습니다. 안감으로 쓴 도트 천은 어머니가 지난겨울 유단포 주머니(따뜻한 물을 넣어 쓰는 주머니로 추운 겨울, 자기 전에 이불 속에 넣어두고 쓴다)를 만들 때 쓴 것입니다. 따뜻하고 감촉이 좋은 천을 발견했다며 내게도 나눠주었습니다. 티 코지에는 유단포를 감싸는 보드랍고 따뜻한 천처럼 둘의 사랑이 식지 않길 바라는 마음을 담았습니다.

포장하기

준비할 재료

60×62cm 보자기, 바구니, 유산지, 고무줄

1. 선물이 들어갈 만한 크기의 바구니에 유산지로 돌돌 만 티 코지와 준비한 선물을 같이 넣습니다.

2. 보자기의 한가운데에 바구니를 사선으로 놓고 네 귀퉁이를 가운데로 모아 보자기와 비슷한 색의 고무줄로 묶습니다.

3. 묶은 윗부분을 하나씩 고무줄에 끼워 꽃모양을 만들면 완성입니다.

오래오래 건강하세요

존경과 감사의 마음을 담은 선물

내가 어렸을 때 엄마는 처녀 적에 만든 횃댓보를 항상 빳빳하게 풀을 먹여 방마다 걸어 두었습니다. 커다란 꽃, 새, 항아리 모양의 수를 놓은 횃댓보는 오빠, 동생과 숨바꼭질하며 놀 때 내가 가장 숨기 좋아하던 장소였습니다. 횃댓보 밑으로 발이 쑥 나와 있는지도 모르고요.
때론 하얀 광목천에 남아 있는 햇볕 냄새를 맡으며 수놓은 그림들을 보느라 숨바꼭질 하던 것도 잊곤 했습니다. 이 방 저 방 벽에 걸어놓은 옷을 덮고 있던 횃댓보는 호롱불을 밝히고 동네 친구들과 하하호호 수다를 떨며 수를 놓는 엄마의 젊은 시절을 떠올리게 하는 사진과도 같았습니다.

엄마의 젊은 시절 모습에서 외할머니를 절대 빠뜨릴 수는 없지요. 외할머니는 집에서 모시를 짜고 누에도 키워 실을 뽑아 쎴습니다. 어릴 때 외갓집에 놀러 가면 작은 방이 하얀 누에고치로 가득해 깜짝 놀라기도 했습니다.
옷 만드는 것을 좋아한 외할머니는 딸들을 시집보낼 때 쓰려고 동네에 천 장사가 올 때마다 좋은 천을 사서 반닫이 속에 차곡 모았다고 합니다. 딸의 결혼 날짜가 정해지면 가지고 있던 천 중에서도 가장 좋은 천을 골라 딸의 행복을 빌며 옷을 만들었을 외할머니의 모습을 상상해봅니다.

외할머니의 영향인지 네 자매 중 둘째였던 엄마는 재봉 학원에 다니며 동네 사람들의 옷 짓는 일을 했습니다. 그리고 마치 운명처럼 천 가게를 운영하며 양복을 만드는 아빠와 결혼했습니다. 엄마는 지금도 아빠처럼 옷을 잘 만드는 사람을 본 적이 없다고 말합니다. 남들이 천의 크기가 작아 못 만든다고 하던 것도 아빠의 손에만 가면 마법처럼 옷이 만들어지고, 패턴 없이도 천에 가위만 대면 옷 모양이 나왔답니다. 그렇게 만든 옷이 또 맵시가 얼마나 좋았는지, 양복 짓던 아빠 이야기를 할 때면 엄마의 눈이 반짝반짝 빛납니다.

직접 지은 한복을 곱게 차려 입던 외할머니가 남긴
하얀 모시 한 필, 맵시 좋은 양복을 짓던
아빠의 마법 가위를 볼 때마다
돌아가신 외할머니와 아빠가 생각납니다.

몸에 좋아요

곡물차, 다기와 다기보

은사, 집안 어른, 존경하는 선배를 오랜만에 만나는 자리에 갈 일이 생기면 무엇을 선물 면 좋을지 며칠 전부터 고민 아닌 고민을 합니다. 꽃 한 다발을 내밀기엔 무언가 허전하고, 화장품 종류는 취향이 있어 선뜻 고르기가 어렵고, 과일 한 상자로는 마음을 다 전할 수 없을 것 같아 망설여집니다.

그래서 오래오래 건강했으면 하는 마음을 담아 몸에 좋은 차를 만들어보았습니다. 해독 작용을 한다는 현미와 검은콩 중에서도 특히 맛이 좋고 노화 방지 효과가 있다는 서리태를 볶아 예쁜 병에 담았습니다. 매일 보리차처럼 편히 먹어도 부담 없는 차입니다.

또 전용 찻잔으로 쓸 잔을 다기보에 넣고 차와 함께 담았습니다. 차 마시는 법과 효능을 적은 손편지도 잊지 않았습니다.

서리태차 만들기와 마시는 법

서리태차 만들기

1. 서리태를 물에 깨끗이 씻은 후 종이 타월로 물기를 닦아냅니다.
2. 아무것도 두르지 않은 철제 프라이팬을 잘 달군 후 서리태를 넣고 중불로 볶습니다. 톡톡 소리와 함께 서리태가 갈라져 녹색이 보이기 시작하면, 불을 중약불로 줄이고 녹색이 진한 갈색으로 변할 때까지 볶습니다. 볶기 시작해서 20분 정도 걸립니다.
3. 불을 끄고 볶은 서리태를 재빨리 넓은 채반에 담아 식힌 후 병에 담습니다.

tip_ 곡물을 볶을 때 움푹한 철제 프라이팬을 쓰면 골고루 볶을 수 있습니다. 코팅한 프라이팬은 가급적 피하는 것이 좋습니다. 한 번에 너무 많은 양을 볶으면 열이 골고루 전달되지 않아 제대로 볶기가 어렵습니다. 볶을 때는 나무 주걱으로 쉬지 않고 정성을 다해 젓는 것도 잊지 않아야 합니다.

서리태차 마시는 법

주전자에 물 1리터와 볶은 콩을 티스푼 한 개 분량으로 넣고 끓이다가 한 번 끓어오르면 불을 약하게 줄여 20~30분간 더 끓입니다. 아침 식사를 준비하면서 끓이기 시작하면 식후에 바로 마실 수 있어 좋습니다. 신기하게도 바로 끓인 서리태차는 색과 맛이 연한 아메리카노와 같아 카페인에 민감한 어른들이 커피 대용으로 마시기 좋습니다.

현미차 만들기와 마시는 법

현미차 만들기

1. 유기농 현미를 잘 씻은 후 물에 담가 한나절 정도 불립니다.
2. 불린 현미를 채반에 놓고 물기를 뺍니다.
3. 물기가 어느 정도 빠지면 잘 달군 철제 프라이팬에 넣고 중불에서 20~30분 볶습니다.
4. 보리차처럼 진한 갈색으로 변하면 불을 끄고, 넓은 채반에 잘 펴서 식힌 후 병에 담습니다.

현미차 마시는 법

찻주전자에 볶은 현미 한 숟갈을 넣고 팔팔 끓는 물을 부어 5분 정도 우려내어 마십니다.

친정엄마는 보온병에 볶은 현미를 넣고 뜨거운 물을 부어 매일 운동하는 틈틈이 마신다고 합니다. 흔들어서 마시면 진하게 우러나온 차와 부드럽게 불은 현미를 같이 먹을 수 있어서 출출할 때는 간식으로 그만이라고 합니다.
겨울에는 비타민 C가 풍부한 감잎차 티백을 같이 넣고 우려도 좋습니다. 구수한 현미차와 감잎차의 산뜻한 맛이 잘 어울립니다.

다기보 만들기

준비할 재료

겉감용 리넨 34×34cm, 안감용 무늬 천 34×34cm, 리넨 끈 75cm 두 줄

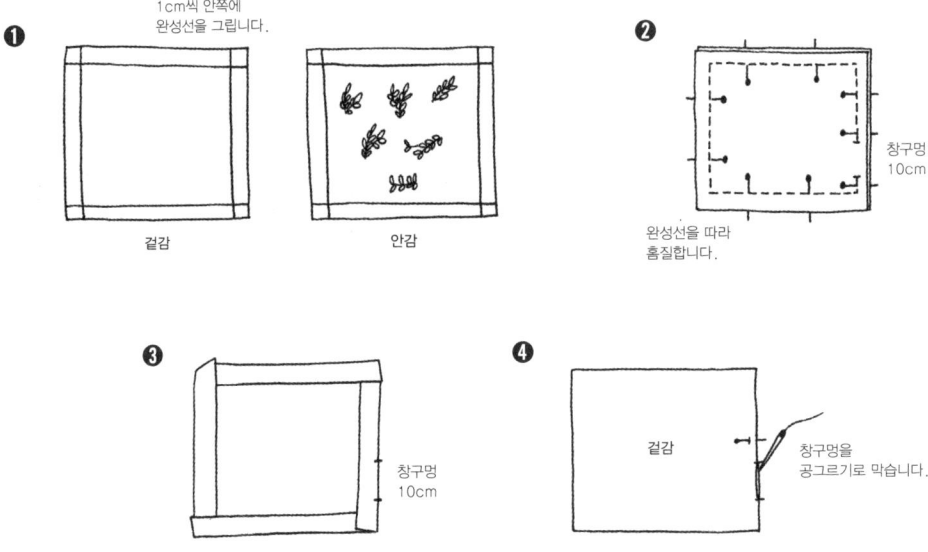

1. 겉감과 안감의 네 변에 1cm씩 안으로 완성선을 그립니다.

2. 천의 겉끼리 마주 대고 앞뒤 완성선이 잘 맞도록 시침핀으로 고정합니다. 한쪽 변에 창구멍 10cm를 남기고 완성선을 따라 촘촘히 홈질합니다.

3. 홈질이 끝나면 안감용 무늬 천이 겉으로 나왔을 때 모양이 예쁘도록 시접을 안쪽으로 꺾어 다림질한 후 창구멍으로 뒤집습니다.

4. 모양을 잘 다듬은 뒤 창구멍을 공그르기합니다.

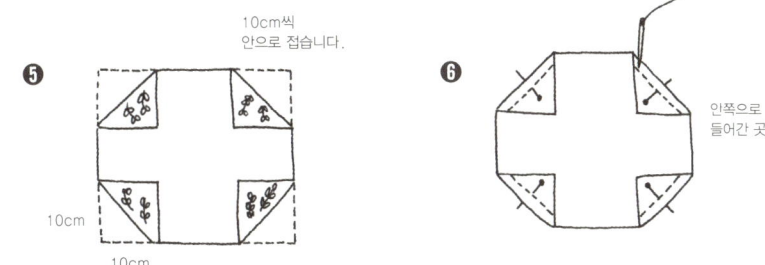

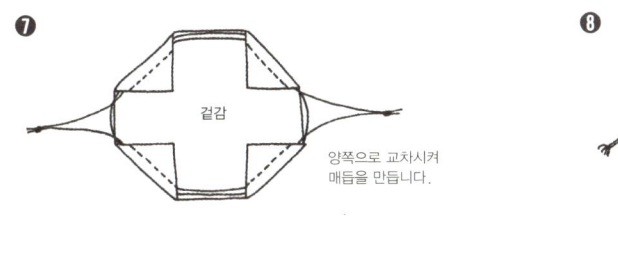

5. 겉감을 위에 놓고 각 모서리에서 안으로 10cm씩 접어 시침핀을 꽂습니다.

6. 접은 삼각형 긴 변의 안쪽으로 1cm씩 들어간 곳에 헤라나 초크펜으로 표시한 뒤 홈질합니다.

7. 두 개의 리넨 끈을 양쪽으로 교차해 통과시킨 후 양 끝에 매듭을 짓습니다.

8. 겉감이 밖으로 오도록 놓고 양쪽 끈을 잡아당겨 묶은 후 옆으로 나온 부분을 안으로 밀어 넣어 모양을 가다듬습니다.

다기보 포장하기

준비할 재료

알맞은 크기의 상자, 무늬가 예쁜 천 또는 종이, 마 끈, 드라이플라워

만들어놓은 차와 다기보에 넣은 찻잔을 상자에 넣고 화사한 천이나 종이로 띠를 두른 다음, 한지로 전체를 다시 한 번 감싸 끈으로 둘둘 묶습니다. 끈 사이에 드라이플라워를 끼우면 더욱 멋스럽습니다.

아빠의 재봉 도구 중 단 하나 남아 있는 마법의 재단 가위와
어머니가 젊었을 때 쓰던 가위,
그리고 손으로 만드는 기쁨을 알게 해준
친구가 선물한 가위입니다.
반들반들 윤이 나게 새로 갈고닦아 쓸까도 싶지만
아빠의 손때가 벗겨지는 것이 아쉬워
보자기로 곱게 싸두었습니다.

어머니, 시원한 여름 보내세요

모시 가방과 부채집

결혼하기 전 처음 도쿄의 시댁에 갔을 때였습니다. 집 안은 어머니가 만든 커튼, 발 매트, 현관 장식품, 테이블보로 가득했습니다. 거실 한쪽에는 어머니가 오랫동안 써온 페달을 밟는 재봉틀이 있었습니다. 어머니는 신주쿠에 있는 복장 학원 출신으로 젊은 시절부터 옷 짓는 일을 했는데, 그날도 직접 만든 옷을 입고 있었습니다. 결혼 이후 아이들 옷 만드는 재미에 푹 빠진 나를 보고 어머니는 단골 천 가게를 소개해주었고 몇 십 년 동안 모은 단추, 비즈, 실, 옷감, 가위, 신기한 초크펜을 한가득 물려주었습니다. 요즘 바느질 교실을 하며 쓰는 도구의 대부분은 어머니에게 받은 것입니다. 어머니의 손때와 세월이 스며든 도구를 쓰면 왠지 나도 어머니처럼 바느질 도사가 된 기분이 듭니다.

손으로 만드는 건 무엇이든 잘하는 어머니는 요리도 좋아합니다. 덩어리부터 칼로 다져서 만드는 고기완자카레, 추운 겨울날 서서 하루 종일 만드는 비프스튜, 부드러운 게살 샐러드, 굴튀김과 돈가츠, 쓰케모노, 여러 종류의 미소시루, 우엉 당근 볶음, 한여름 소면에 찍어 먹는 쓰유(가다랑어포로 국물을 낸 일본식 간장) 등 어머니에게 배운 요리는 내 비장의 레시피북 속에 담겨 있습니다.

여든이 넘은 지금도 멋진 옷을 지어 입고 깔끔하게 정돈한 부엌에서 맛있는 파스타를 만드는 어머니를 위해 감촉이 시원한 모시 가방과 여름에 들고 다니기 좋은 부채집을 만들어보았습니다.

몇 년 전 고베의 수예점에서 한눈에 반해 구입한 대나무 손잡이는 가볍고 촉감이 좋아 시원한 모시와 잘 어울립니다. 이제는 가벼운 가방을 최고로 치는 어머니. 근처를 나들이할 때 멋스럽게 들고 다니도록 어머니가 좋아하는 색을 골라 만들었습니다.

대나무 손잡이 모시 가방 만들기

준비할 재료

모시 34×48cm(①), 리넨 34×48cm(②),
조각 모시 10×33cm(③), 12×11cm(④), 대나무 손잡이

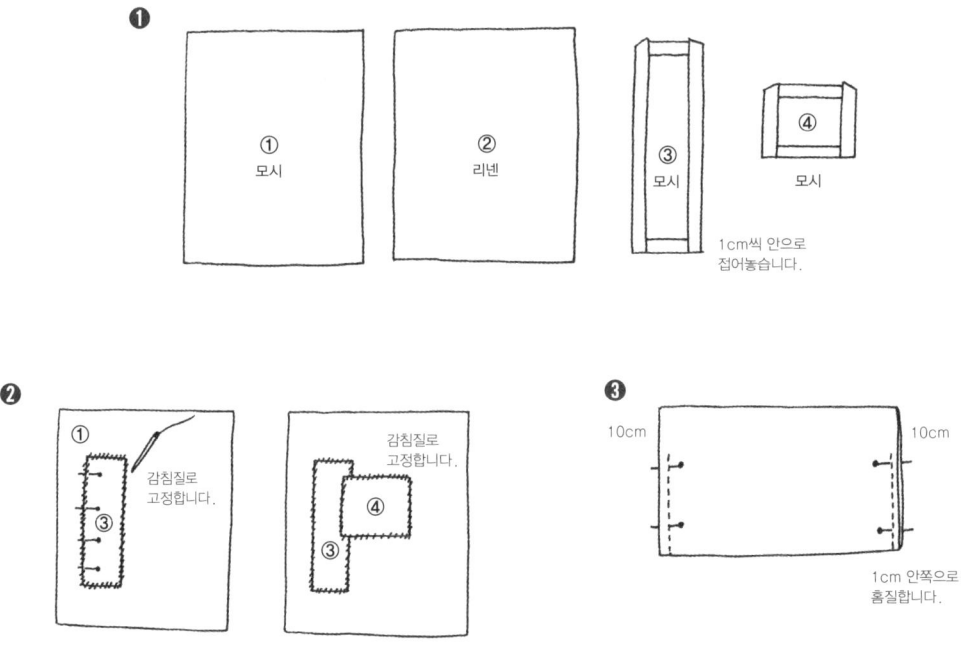

1. 사이즈별로 천을 재단해 준비합니다. ③과 ④를 1cm씩 안으로 접어놓습니다.

2. ③을 ①의 위에서 10cm 정도 내려온 곳에 올려놓고 시침핀으로 고정한 후 감침질하고, 그 위에 ④를 덧대고 마찬가지로 감침질합니다.

3. 조각 천을 덧댄 ①을 겉끼리 맞닿도록 반으로 접어 시침핀을 꽂고, 위에서 10cm 내려온 지점의 양쪽에서 1cm 안으로 들어온 곳에 완성선을 긋고 홈질합니다.

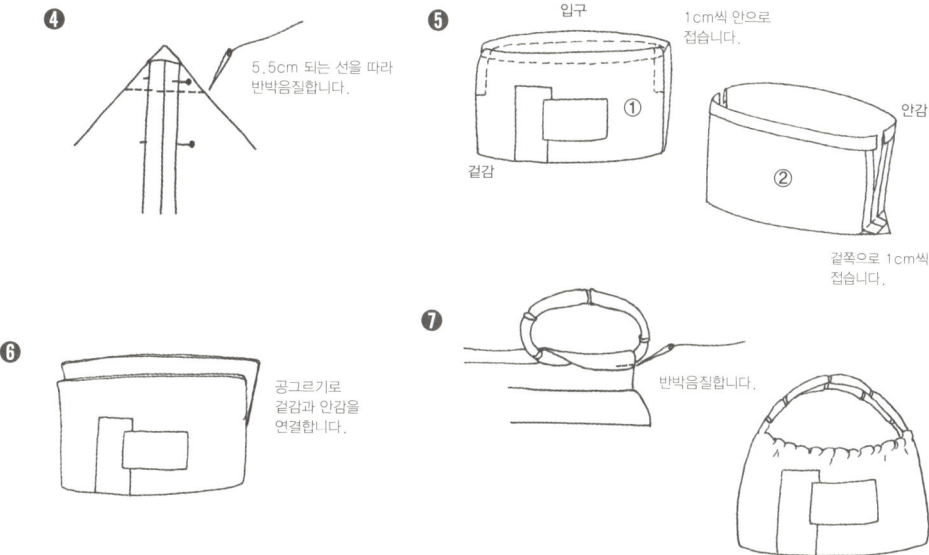

4. 가방의 밑부분은 양옆 시접을 가른 다음 삼각형으로 접어 밑변이 5.5cm 되는 선을 따라 반박음 질합니다. 가방 안감용 ②도 ❸, ❹번 순서대로 만듭니다.

5. 조각 천을 댄 ①을 겉쪽으로 뒤집은 후 입구를 1cm씩 안으로 접고, ②는 뒤집지 않고 겉쪽으로 1cm씩 접습니다. 헤라를 사용하면 좋습니다.

6. ①과 ②의 안이 맞닿도록 ②를 ①의 안으로 넣은 다음 접은 부분을 시침핀으로 고정한 뒤 공그 르기로 연결합니다.

7. 준비한 대나무 손잡이를 공그르기 한 입구에 대고 입구를 안으로 접은 다음 겉에서 땀이 잘 보 이지 않도록 작은 반박음질한 뒤 모양을 잡으면 완성입니다.

부채집 만들기

준비할 재료

겉감용 모시 32×32cm, 안감용 리넨 32×32cm, 가는 매듭 끈 50cm, 비즈 장식

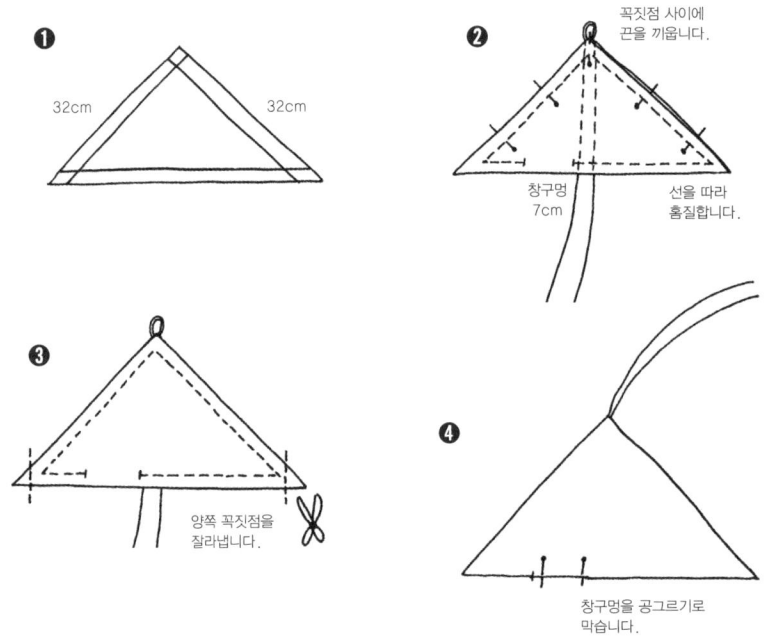

1. 32×32cm의 정사각형 모시와 리넨 한 장씩 준비해 사선으로 자릅니다. 천의 뒷면에 세 변의 안으로 1cm씩 들어온 곳에 완성선을 그립니다.

2. 천을 겉끼리 마주 대고 시침핀을 꽂은 뒤 꼭짓점 사이에 매듭끈을 그림과 같이 안으로 끼운 다음 창구멍을 7cm 남겨놓고 완성선을 따라 홈질합니다.

3. 밑변 시접의 양쪽 꼭짓점을 그림과 같이 잘라냅니다.

4. 시접을 모시 쪽으로 꺾어 다림질한 후 창구멍으로 뒤집어 공그르기로 마무리합니다.

❺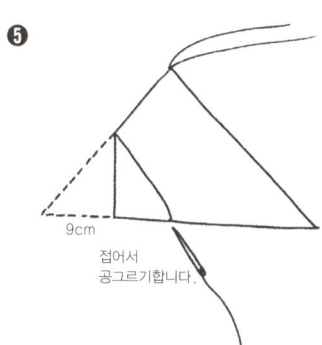

9cm
접어서 공그르기합니다.

5. 삼각형의 밑변을 왼쪽에서부터 9cm 접어 아래를 공그르기로 고정합니다. 크기가 다른 부채도 넣을 수 있도록 오른쪽 끝은 고정하지 않습니다.

6. 매듭 끈에 비즈를 달아 장식합니다. 부채를 넣고 둘둘 말아서 매듭을 묶으면 완성입니다.

❻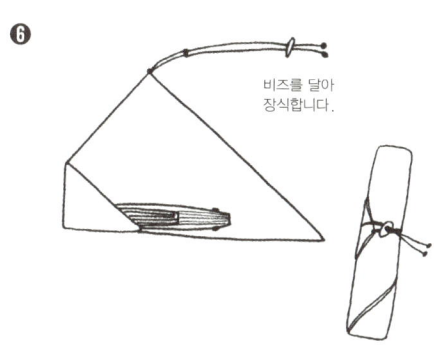

비즈를 달아 장식합니다.

포장하기

준비할 재료

70×73cm 보자기, 삼베 끈, 포장용 완충제, 한지, 종이 끈

1. 한지로 돌돌 말아 끈으로 묶은 부채와 포장용 완충제를 모시 가방 안에 넣고 사진과 같이 한지 위에 놓습니다.

2. 한지의 긴 쪽이 서로 포개지도록 가방을 위아래로 감싼 후, 한쪽을 사진과 같이 안으로 접습니다.

3. 나머지 한쪽도 접어, 먼저 접어 놓은 쪽의 안으로 끼워 넣습니다.

4. 준비한 종이 끈으로 묶습니다.

5. 한지로 포장한 가방을 보자기 가운데에 올려놓습니다.

6. 한지를 포장할 때처럼 위아래를 먼저 감싸고 남는 부분은 안으로 다시 한 번 접은 후, 양 옆을 가운데로 모아서 꽃 모양이 되게 만듭니다.

7. 모은 부분을 종이 끈으로 묶은 후 종이 끈의 끝부분을 펼친 다음 끝만 살짝 비틀어 풀잎 모양을 만듭니다.

8. 묶은 윗부분이 봉긋한 꽃 모양이 되도록 다듬으면 완성입니다.

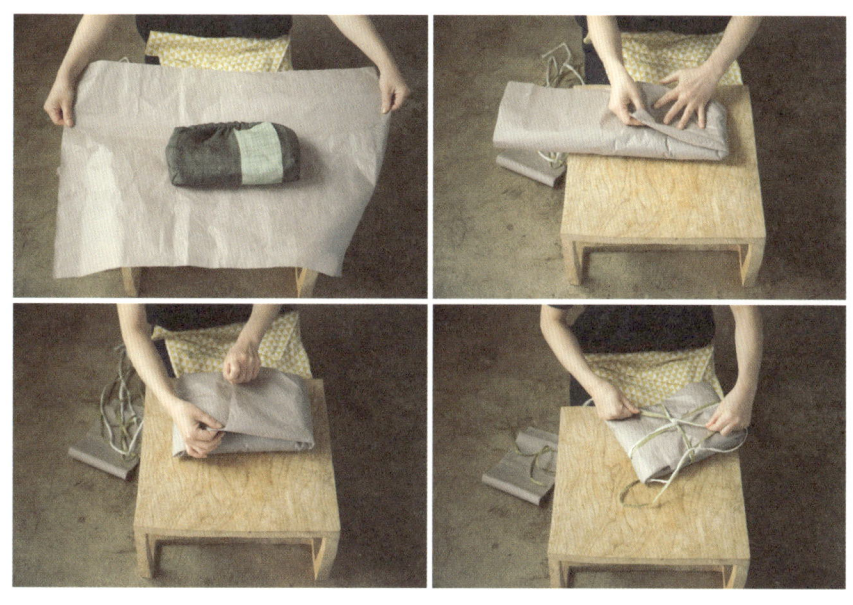
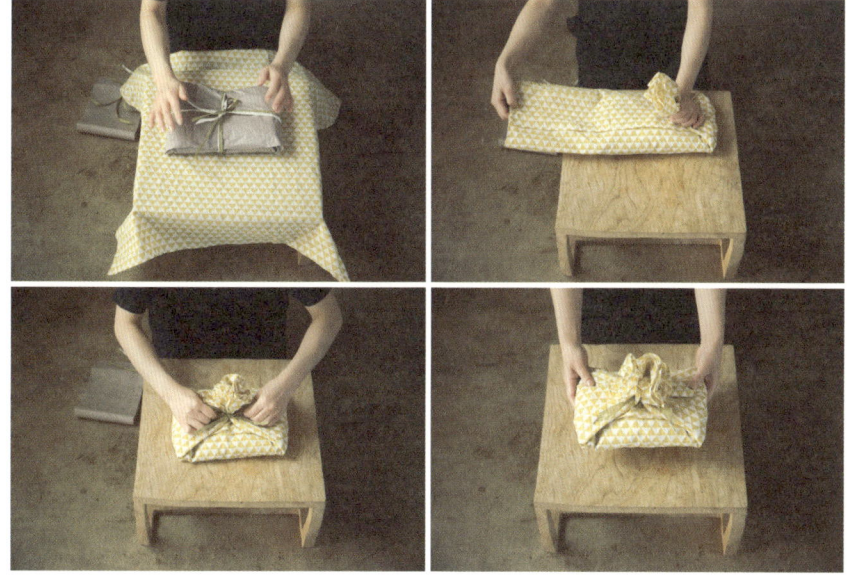

큰아이가 태어났을 때
어머니가 떠준 카디건과 조끼입니다.
질 좋은 캐시미어 실을 색색으로 뜨고 멋스럽게 꽈배기 무늬까지 넣어
아직도 따뜻함이 남아 있는 듯합니다.
당시 일흔에 가까웠는데 어쩜 이리도 곱게 떴는지
감사한 마음 한가득입니다.

결혼하고 얼마 후 요리를 배우러 혼자 시댁에 들렀을 때
어머니가 꼭 줄 게 있다며 장롱 속에서 꺼내준 남편의 앨범들입니다.
정성스럽게 사진을 붙이고 일일이 종이를 잘라
꼼꼼히 메모를 해놓았습니다.
지금도 가끔 남편에게 섭섭할 때는 이 앨범들을 펼쳐봅니다.
에구구, 당신도 귀하게 큰 소중한 아들이구나
하면서 마음을 달랩니다.

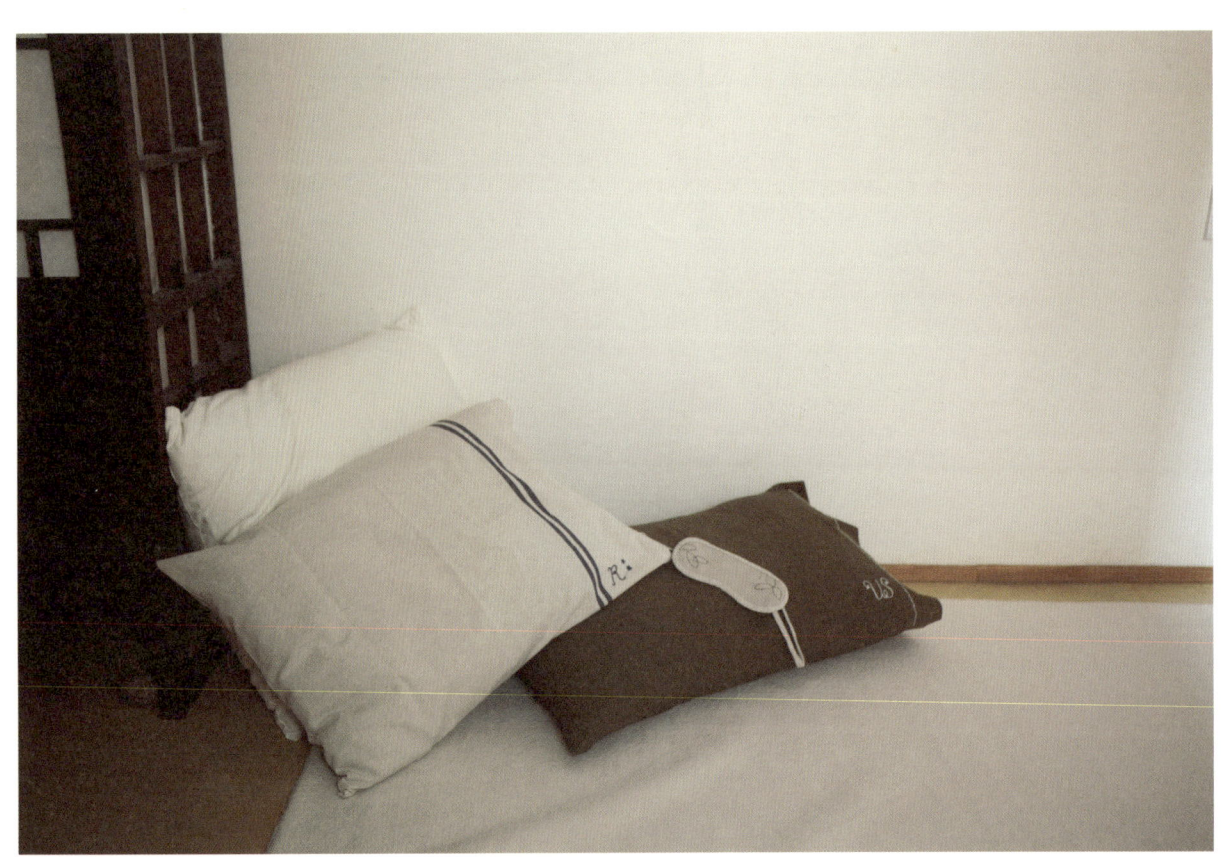

엄마, 늘 편안하게 주무세요

베개 커버와 안대

지금 생각해보니 엄마는 삼남매를 키우느라 잠시도 여유를 누릴 틈 없이 바쁘게 살았던 것 같습니다.

내가 중·고등학교에 다닐 때는 터울이 많지 않은 삼남매의 도시락을 매일 여섯 개씩 싸기도 했습니다. 아침 일찍 일하러 가야 하는데도 도시락을 한 번도 거르지 않고 점심, 저녁을 모두 다른 반찬으로 싸주었습니다.

그렇게 열심히 일하며 살림을 챙긴 엄마는 삼남매가 모두 결혼하고도 한참 뒤에야 마음 편히 쉬게 된 것 같습니다. 삼남매를 키우느라 여행도 제대로 못 다닌 엄마는 지금 국내외로 종횡무진 여행을 다닙니다.

가끔 엄마의 여행 스케줄을 잊고 안부 전화를 하면 "지금 어딘데 정말 좋구나. 너도 애들 키우고 나면 꼭 와봐라. 꽃이 정말 예쁘다"라며 사진을 보냅니다. 이따금 아침 산책을 나가는 길에 "오늘 날씨가 좋으니 너도 산책하러 가봐"하고 먼저 전화하기도 합니다. 연세가 일흔이 넘은 지금도 매일 탁구, 수영, 요가로 하루를 바쁘게 지내면서도 맛있는 것, 좋은 것이 생길 때마다 양손 가득 들고 한 시간이 넘게 전철을 타고 깜짝 방문하는 친정 엄마는 존재 자체로 활력소입니다.

여행지에서의 편안한 잠자리를 위해 엄마의 이니셜을 수놓은 베개 커버와 안대, 정갈한 엄마의 방을 은은한 향기로 가득 채우고자 디퓨저를 준비했습니다.

엄마,
오래오래 건강하고 행복하게 살아요.

이니셜을 수놓은 베개 커버 만들기

준비할 재료

리넨 50×68cm 두 장, 파란색 수실
(자주 빨아서 쓰는 것이니 천은 순면이나 리넨으로 준비합니다.)

여행 가방을 쌀 때 나는 커다란 주머니처럼 생긴 베개 커버를 꼭 챙깁니다. 베개 커버가 있으면 어디에 가든 내 집처럼 기분 좋게 편안히 잠들 수 있습니다.
여행을 마치고 돌아올 때는 베개 커버 속에 빨랫감을 넣어 가방을 깔끔하게 정리할 수 있는 일석이조 아이템입니다. 여행을 좋아하는 친구에게 깜짝 선물로도 좋습니다.

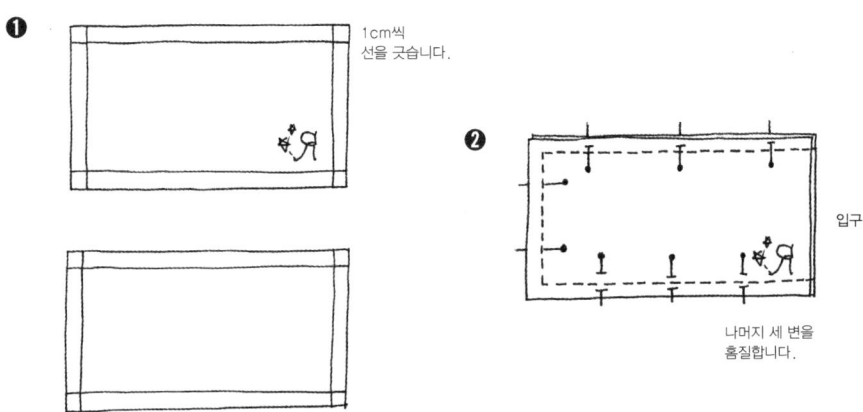

1. 리넨 한 장의 오른쪽 밑에 이니셜을 그리고 체인 스티치를 합니다. 두 장의 천 네 변에 각각 1cm씩 안으로 완성선을 긋습니다.

2. 두 장의 천을 겉끼리 마주 대고 완성선을 잘 맞춘 후 입구를 뺀 나머지 세 변을 홈질합니다.

3. 시접을 이니셜을 수놓은 천 쪽으로 꺾어 다림질합니다.

4. 입구 쪽을 1cm씩 안쪽으로 두 번 접어서 시침핀을 꽂고, 7mm 안쪽을 홈질합니다.

5. 모서리 부분이 잘 나오도록 뒤집어서 모양을 다듬으면 완성입니다. 완성한 베개는 한 번 손세탁한 다음 포장합니다.

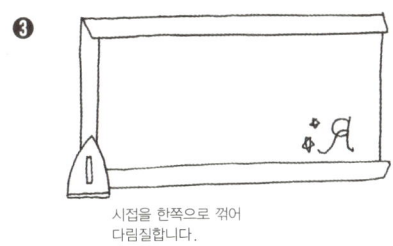

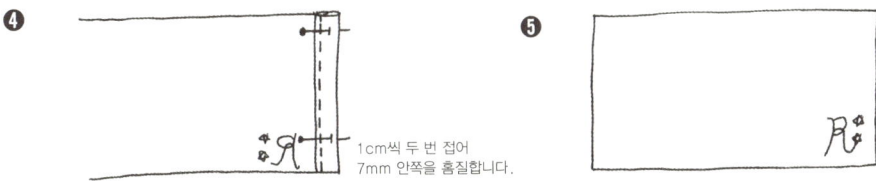

베개의 이니셜 'R'은 자신의 이니셜을 새긴 손수건을 한 번도 가진 적 없는 엄마를 위해 사위가 몇 번이고 연습해서 그린 것입니다. 천은 늘 젊은 마음을 간직하도록 파란 줄이 있는 리넨을 골랐습니다.

안대 만들기

준비할 재료

리넨 22×11cm, 검은색 이중 거즈 22×11cm, 얇은 퀼트용 접착 솜 22×11cm,
바이어스용 리넨 3.5×50cm, 끈용 리넨 4×24cm 두 장
(끈은 따로 만들지 않고 적당한 굵기의 리넨 끈 또는 면 끈을 사용해도 괜찮습니다.)

1. 안대 도안을 대고 재단한 리넨에 타원형의 작은 도안을 이용해 꽃잎을 그리고 사시코용 굵은 실로 수를 놓습니다. 리넨 뒤에 다림질로 접착 솜을 부착한 다음 거즈를 대고 시침핀을 꽂아 고정합니다. [도안 171쪽 참고]

2. 끈용으로 준비한 리넨은 폭이 1cm가 되도록 안으로 두 번 접어 감침질합니다.

3. 바이어스용 리넨의 한쪽은 초크펜으로 7mm의 선을 그리고, 반대편은 헤라로 그어 접힌 선을 표시합니다.

4. 바이어스의 한쪽을 1cm 접은 뒤 초크로 그린 선을 안대의 바깥에서 7mm 들어온 곳에 맞추고 시침핀을 꽂은 후 선을 따라 반박음질합니다(바이어스는 1cm 접은 뒤 바느질을 시작하고 마무리할 때도 1cm 남기고 자릅니다).

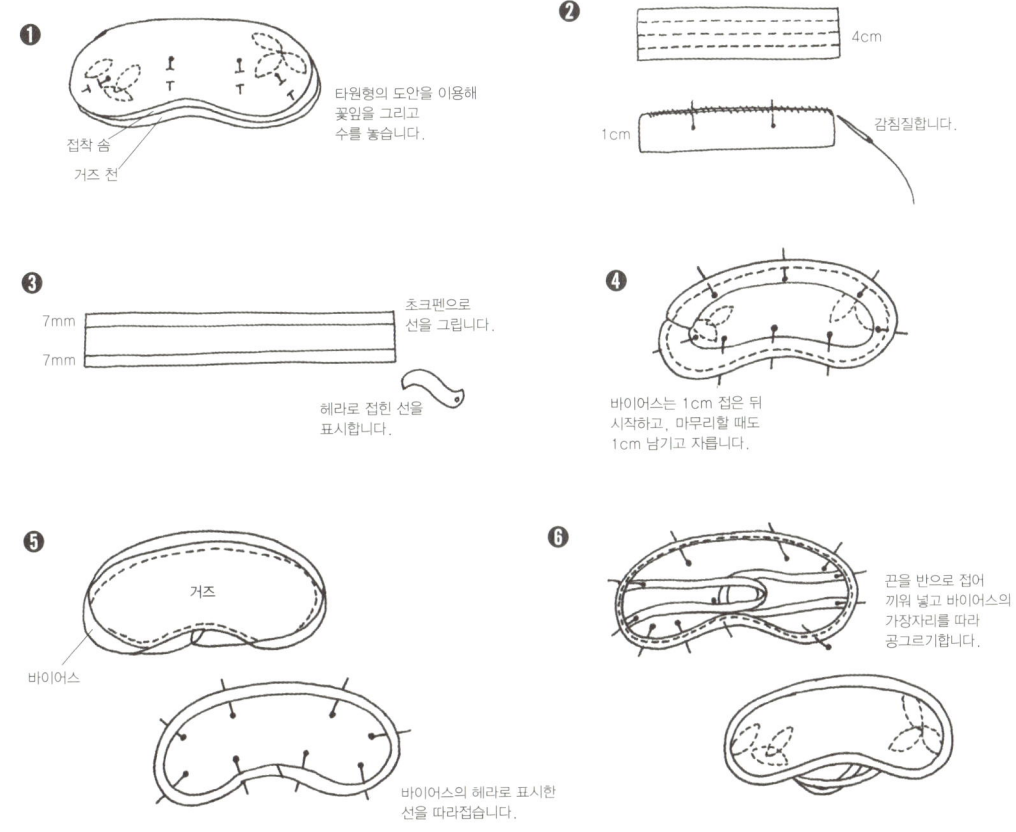

5. 반박음질한 바이어스를 뒤집어서 모양을 가다듬고 ③에서 헤라로 표시한 선을 따라 바이어스를 접어 시침핀으로 고정합니다.

6. 안대의 양옆에 끈을 반으로 접어 시침핀으로 고정한 후 바이어스의 가장자리를 따라 공그르기를 합니다. 끈의 길이는 약간 넉넉하게 하는 것이 귀를 조이지 않아 편합니다.

포장하기

준비할 재료

45×47cm 리넨 보자기, 주머니

리넨 보자기로 포장을 하면 선물이 더욱 풍성해집니다. 특히 예쁜 꽃무늬가 있는 리넨은 테이블 매트로 쓰기에 좋고 리넨과 면이 섞인 빨간 체크 천은 땀 흡수가 잘 되어 손수건으로도 쓸 수 있습니다.

어르신들을 위한 디퓨저를 고를 때는 천연 성분으로 자극적이지 않은 캐모마일이나 라벤더 향을 선택하는 것이 좋습니다.

1. 베개 커버가 들어갈 수 있는 크기의 주머니를 준비해 커버와 안대를 넣고 끈으로 묶습니다.

2. 준비한 디퓨저 상자 위에 주머니를 놓습니다.

3. ❷를 보자기 가운데에 놓고 위아래를 감싼 다음 양옆을 아래 사진과 같이 묶으면 완성입니다.

엄마가 오랫동안 쓰던 작은 단추 통입니다.
어렸을 때 단추나 옷핀 등이 필요할 때면
제일 먼저 이 통을 열어보았습니다.
딸아이도 어렸을 때 구슬을 꿰어서 만든 목걸이를
이 통에 넣어두는 걸 좋아했습니다.
모녀 삼대의 추억이 담긴 귀한 통입니다.

에필로그

꼼지락꼼지락,
세상에 하나밖에 없는 무언가를 만들 때

결혼 후 아이가 태어나 유치원에 다니기 시작하면서부터 내 손은 더 바빠졌습니다. 친구에게 컵 받침을 선물받은 이후 손바느질과 재봉틀에 한층 푹 빠진 나는 연년생인 아이들의 옷을 만들어 세트로 입히기도 하고, 작아진 딸아이의 티셔츠에 내가 입던 낡은 티셔츠의 몸통을 이어 붙여 원피스를 만들기도 했습니다.

일본의 유치원에서는 대부분 아이들의 입학 준비물을 엄마가 직접 만듭니다. 이때 솜씨가 부족한 엄마들도 아이를 위해 밤잠을 설쳐가며 열심히 만듭니다. 주로 손바느질만 해서 재봉틀에 실 꿰는 순서도 몰랐던 나는 위층에 사는 친구에게 하나하나 배워가며 아이의 입학 준비물을 만들었습니다. 테이블 매트, 도시락 주머니, 물통 주머니, 신발 주머니, 가방, 그리고 스모크라고 불리는 모래놀이복까지 종류도 다양합니다.

한여름 공원에서 아이들이 물놀이하는 걸 지켜보며 뜨기 시작한 털스웨터는 그해 크리스마스가 지나고 겨울이 거의 끝나갈 즈음에야 완성했습니다. 뜨개질하는 동안 아이들이 쑥쑥 자라 중간에 코를 몇 개 늘려가며 크기를 맞추던 기억이 납니다. 난생 처음 떠본 모자와 지퍼가 달린 털스웨터가 스스로 얼마나 뿌듯했던지, 봄이 되어 아이가 덥다고 낑낑댈 때까지 열심히 입혔습니다.

시간이 지나고 아이들도 많이 자랐지만 직접 만들어 입힌 옷들은 아직 옷장 깊숙한 곳에 소중한 추억으로 남아 있습니다. 힘든 일이 있거나 이유 없이 우울할 때, 사는 게 자신 없을 때마다 그 옷들을 꺼내봅니다. '열심히 살았잖아, 괜찮아'라며 지금의 나를 토닥이고 위로해주는 그 옷들은 과거의 내가 지금의 나에게 보내는 선물 같습니다.

손으로 무언가를 꼼지락꼼지락 만드는 것은 생각보다 큰 즐거움과 행복을 안겨줍니다. 느긋함과 마음의 여유가 주는 그 달콤쌉쌀한 느낌을 많은 사람들이 함께 나눴으면 좋겠습니다.

손이 꼼지락꼼지락 움직이면
세상에 하나밖에 없는 무언가가 탄생합니다.
아이를 입히고, 주변을 꾸미고,
소중한 사람에게 선물하는
삶의 즐거움이 깨어납니다.

손으로 만든 선물

첫판 1쇄 펴낸날 2015년 5월 15일

지은이 최희주
발행인 김혜경
편집인 김수진
책임편집 조한나 **편집기획** 이은정 김교석 이다희 백도라지 윤진아
디자인 김은영 정은화 엄세희
경영지원국 안정숙
마케팅 문창운 노현규
회계 임옥희 양여진 신미진

사진 한정수
일러스트 추화진
스타일링 세컨드플로어 김은희
장소협찬 체부동 유진이네 집

펴낸곳 (주)도서출판 푸른숲
출판등록 2002년 7월 5일 제 406-2003-032호
주소 경기도 파주시 회동길 57-9번지, 우편번호 413-120
전화 031)955-1400(마케팅부), 031)955-1410(편집부)
팩스 031)955-1406(마케팅부), 031)955-1424(편집부)
www.prunsoop.co.kr

ⓒ최희주, 2015
ISBN 979-11-5675-544-9(13590)

◦ 잘못된 책은 구입하신 서점에서 바꾸어 드립니다.
◦ 본서의 반품 기한은 2020년 3월 31일까지 입니다.

이 도서의 국립중앙도서관 출판시도서목록(CIP)은 e-CIP 홈페이지(http://www.nl.go.kr/ecip)와 국가자료공동목록시스템(http://www.nl.go.kr/kolisnet)에서 이용하실 수 있습니다. (CIP2015012630)

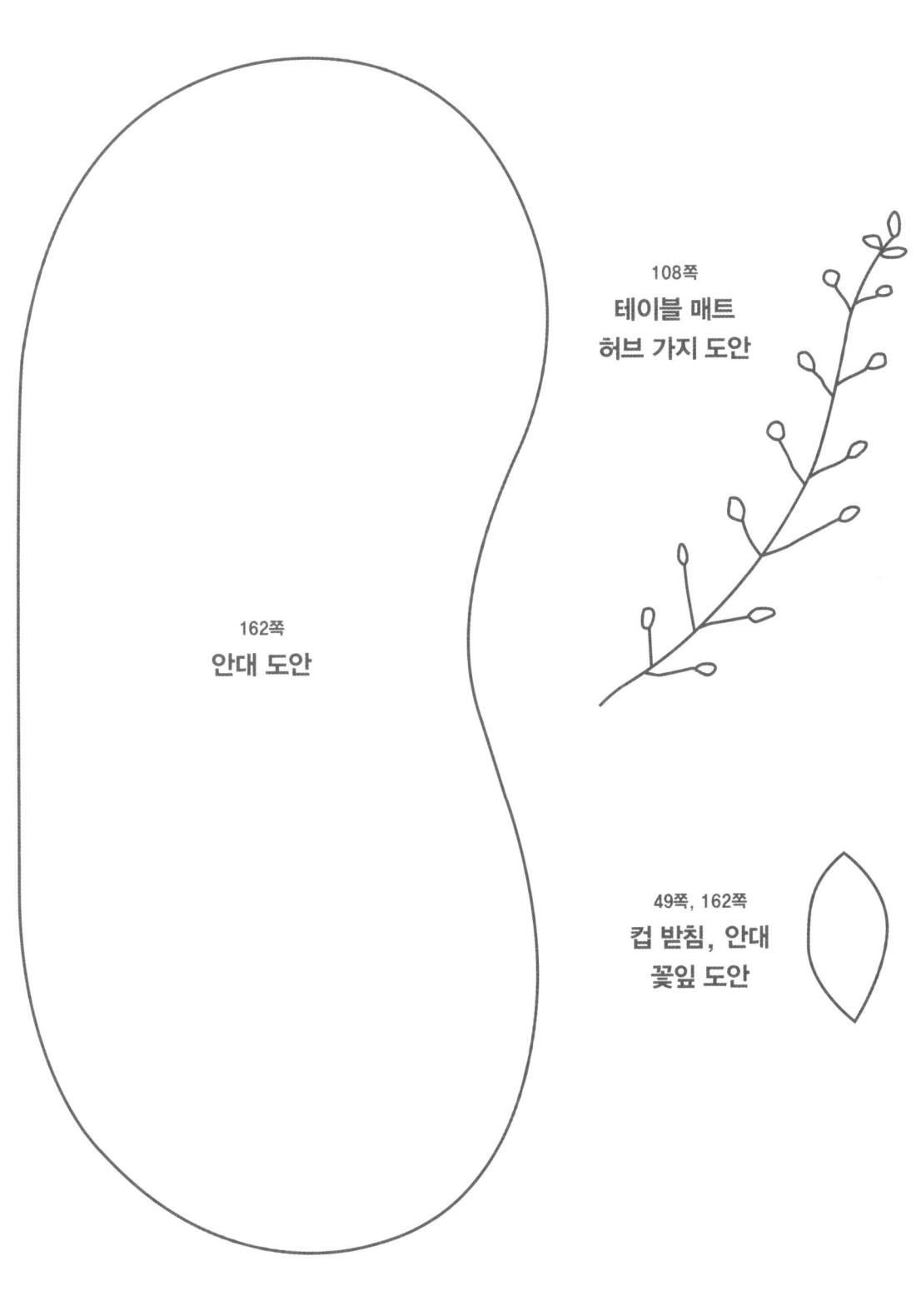

108쪽
**테이블 매트
허브 가지 도안**

162쪽
안대 도안

49쪽, 162쪽
**컵 받침, 안대
꽃잎 도안**